Jonglieren

Sabine Peter

Jonglieren

mit Bällen,
Keulen, Ringen
und Diabolo

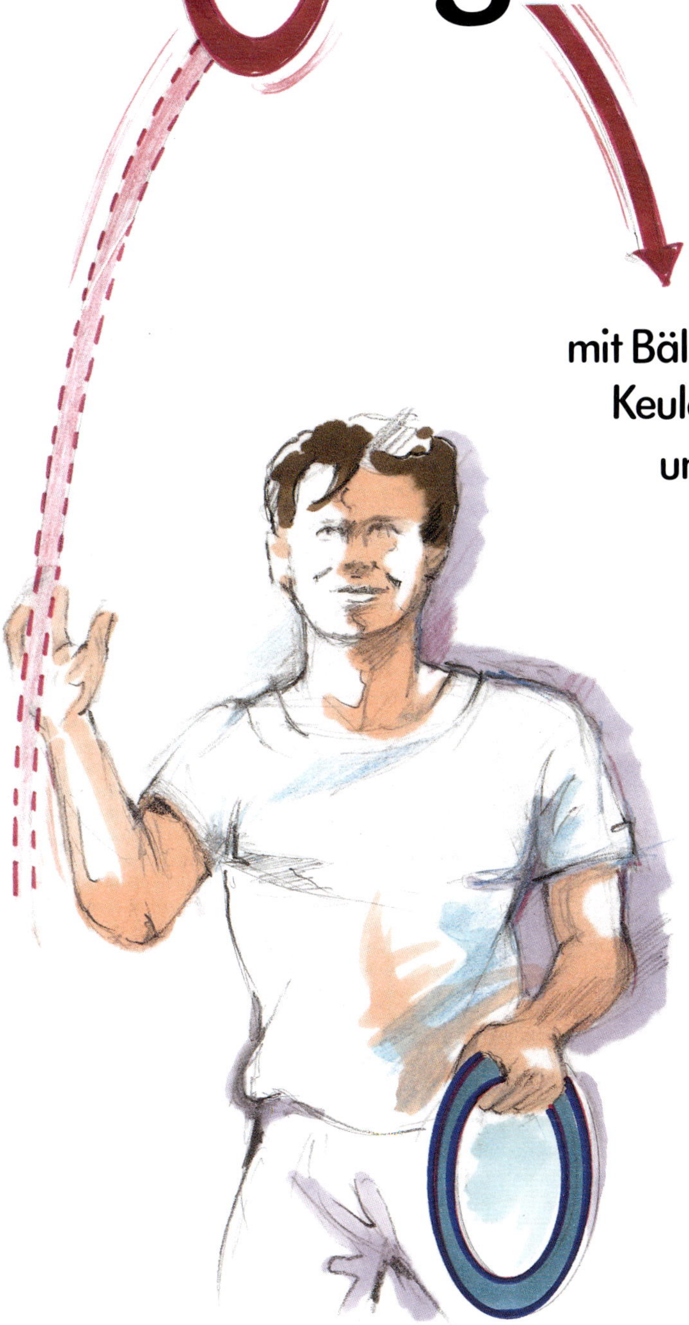

FALKEN

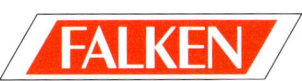

Vorwort

Im Licht der Scheinwerfer wirbeln Bälle, Keulen, Ringe, Teller oder Äpfel herum. Ein, zwei, drei, vier, sogar fünf und mehr Gegenstände fliegen, scheinbar von Zauberhand geführt, durch den Raum. Hinter dem Rücken, durch die Beine, auf den Kopf oder in den Nacken geworfene Jonglierrequisiten landen wieder sicher in den Händen des Meisters und werden blitzschnell in die richtige Bahn weitergeleitet.

Jonglieren – das ist immer wieder faszinierend anzusehen. Die Akteure im Zirkus sind natürlich Profis, die über Jahre hinweg viele Stunden täglich üben. Aber mit drei Bällen können auch Sie – wenn Sie meine Übungen nachmachen – schon nach wenigen Stunden Zuschauer und vor allem sich selbst begeistern. Sie trainieren dabei Hände, Handgelenke und Arme und lernen, Ihre Bewegungen schnell und sicher auszuführen. Jonglieren fördert genaues Augenmaß, Reaktion, Koordination und Konzentration. Auch für andere Ballsportarten wie zum Beispiel Tennis, Fuß- und Volleyball sowie für das Boxen ist das Training sehr nützlich.

Sie benötigen weder spezielle Kleidung noch besondere Räume. Jonglieren ist eine Sportart, die Sie bis ins hohe Alter ausüben können: Sogar meine fast 70jährige Großmutter fing mit Begeisterung an zu jonglieren, als ich ihr einige Übungen zeigte.

Beginnen können Sie mit dem Diabolo, mit Bällen oder Säckchen. Die richtige Größe der Bälle haben Sie gefunden, wenn Sie zwei Bälle leicht in Ihrer halbgeschlossenen Hand halten können. Wer schon sicher jongliert, kann auch mit viel kleineren oder größeren Bällen trainieren. Wenn Sie mehr Spaß am Jonglieren gewinnen, sollten Sie sich richtige Jonglierrequisiten in einem Spezialgeschäft besorgen. Die Adressen dazu (und andere nützliche Hinweise für Interessierte) finden Sie im Schlußteil dieses Buches.

Also, worauf warten Sie noch? Holen Sie sich einen Ball, und beginnen Sie mit der ersten Übung. Und lassen Sie sich nicht so schnell frustrieren, wenn Ihnen zu Anfang alles viel zu schnell und zu schwer erscheint – das ging jedem so, der mit Jonglieren anfing.

Inhalt

Kleine Geschichte der Jonglierkunst

Daß das Jonglieren keine todernste Sache ist, wird schon deutlich, wenn man sich die Herkunft des Wortes ansieht: Das französische »jongleur« stammt vom lateinischen »ioculator«, was Spaßmacher bedeutet (iocus = Spaß, Scherz). Auch »Jux« leitet sich daraus ab. Im alten Rom bezeichnete man einen wandernden Unterhaltungskünstler als »ioculator«; er bezauberte auf den Märkten sein Publikum auf vielfältige Art.

Das Jonglieren hat sich vermutlich aus den schon sehr früh beliebten Ballspielen entwickelt: Im 2. Jahrhundert v. Chr. berichteten Geschichtsschreiber von Römern und Ägyptern, die sich die meiste Zeit ihres Lebens mit Ballspielen vertrieben hätten. Daß dabei der geschickte Umgang mit den Bällen immer mehr verfeinert wurde und man sich alle möglichen Spielvariationen und Tricks ausdachte, um seine Geschicklichkeit zu beweisen, ist einleuchtend.

So verselbständigte sich im Laufe der Zeit das Jonglieren mit Bällen immer mehr und entwickelte sich zu einer beliebten Unterhaltungskunst. Und wie man weiß, ist die Faszination für das Publikum natürlich um so größer, je gefahrvoller solche Vorführungen sind. Deshalb traten auch immer mehr Leute auf, die geschickt mit Messern und Lanzen umgehen konnten, mit Fackeln, Kugeln, auch mit Schilden und mit gläsernen Bällen.

Die ältesten Darstellungen der Jonglierkunst stammen aus der Zeit um 1900 v. Chr. Im Grab von Beni Hassan (Ägypten) fand man eine Abbildung von drei Ballspielerinnen, die sich gegenüberstehen und insgesamt acht Bälle jonglieren. Überhaupt scheint die Jonglierkunst gerade bei Frauen populär gewesen zu sein. Zum Beispiel weiß man von einem Mädchen aus Syrakus, das mit zwölf Ringen jonglierend auftrat. Auch aus dem antiken Griechenland kennt man zahlreiche Darstellungen von Jongleuren, die zum Teil auf Keramiken verewigt sind. Eine Zeitlang waren diese Künstler nur in ihrer engeren Heimat bekannt; erst später wurden solche Artisten zu Fahrensmännern, die größere Gebiete bereisten, dadurch an Popularität gewannen und die Jonglierkunst verbreiteten.

Aber für die Jongleure gab es bisweilen auch schwierige Zeiten. In Rom zum Beispiel geriet das Jonglieren etwa vom 4. bis 10. Jahrhundert n. Chr. in Verruf, es fand nur noch selten oder nur in abfälliger Weise in alten Überlieferungen Erwähnung. Im Mittelalter lebte die Jonglierkunst dann aber wieder auf: Im Angelsächsischen berichtete man von den »gleemen« (Freudenmännern), im Französischen von den »ménestrels« (Spielmännern), die ständig unter nicht immer leichten Bedingungen auf Wanderschaft waren, um neben der Darbietung ihrer Geschicklichkeit noch Lieder und Melodien vorzutragen, die sie unterwegs aufschnappten und in ihr Repertoire einbauten. Um 1000 n. Chr. verband man die Vorführungen sogar mit Reiterkunststükken. In Deutschland, beim »Nürnberger Rath«, war gegen Ende des 17. Jahrhunderts ein »Ballenmeister« angestellt, der als Artist und Lehrer zugleich fungierte und 1680 sogar eine Schrift über den »Unterricht im Ballenspiel« verfaßte.

Doch wie man sich denken kann, war das Jonglieren nicht nur in Europa beliebt, denn die Freude, der Spaß an Bewegung, am Erproben der eigenen Geschicklichkeit und am Zusammenspiel mit anderen ist in der ganzen Welt verbreitet. Und natürlich verspüren die Menschen auch das Bedürfnis, ihre Fähigkeiten einem Publikum zu zeigen oder sich in Wettbewerben zu messen – was einen besonderen Anreiz darstellt, immer wieder neue Dinge einzustudieren. Bei den nordamerikanischen Indianern war das Jonglieren wahrscheinlich sogar Teil ihrer religiösen Zeremonie.

Es ist nicht verwunderlich, daß im Laufe der Jahrhunderte immer mehr Austausch zwischen den verschiedenen Kulturen und auch ihren Jongleuren stattfand: Das Reisen wurde immer einfacher, Druckmedien entstanden, Foto und Film wurden zu neuen Mitteln der Informationsübertragung und Unterhaltung. Und das Publikum wurde immer anspruchsvoller. Der Zirkus, das Varieté und große Jahrmärkte ließen daher immer mehr Künstler und Artisten aus verschiedensten Ländern auftreten: Der Reiz des Fremden stellte ohne Zweifel stets eine Faszination und Bereicherung dar. Zwangsläufig wurde so auch die Bandbreite an Jongleurtricks immer größer, wobei sich die Künstler jedoch gleichzeitig spezialisierten und immer neue Stile entwickeln mußten, um die Leute zu unterhalten.

Wenn man an die Einflüsse aus dem asiatischen Raum denkt, sind unbedingt die indischen Gaukler zu erwähnen, die vor einem Jahrhundert mit ihren Jonglier- und Zauberkunststücken nach Europa kamen. Man nannte sie »Malabartisten« – wohl nach der Malabarküste im Südwesten Indiens. »Indische Kunststücke« wurden schließlich zu wirksamen Zugnummern in westlichen Varietés, auch wenn sie von europäischen Artisten vorgeführt wurden. Der Deutsche Carl Rappo war einer von ihnen; in seinen Ankündigungen bezeichnete er sich sogar als Inder.

Auch China hat viele ausgezeichnete Jongleure. Sie faszinieren ihr Publikum vor allem durch ihre Anmut und straffe Ordnung, aber auch durch die Präzision und die ausgestrahlte Mühelosigkeit. Ihre Übungen sind dabei oft von solch hohem Schwierigkeitsgrad, daß selbst sehr erfahrene westliche Kollegen nur noch staunen können. Aus China stammt übrigens auch das Diabolo (Betonung auf dem a), dessen Name auf das italienische »diavolo« (Teufel) zurückgeht. In China nennt man einen solchen Doppelkreisel, den man mit einer an Stäben befestigten Schnur antreibt, »tjouk-pang-oul«. Mit besonders großen, summenden Diabolos machten chinesische Hausierer früher auf ihre Waren aufmerksam. Ein Engländer, Lord Macartney, brachte den Doppelkreisel am Ende des 18. Jahrhunderts nach Europa, schon einige Jahre später erfreute er sich in Frankreich großer Beliebtheit. Man baute das Diabolo früher aus Holz, manchmal sogar aus Glas, und verbesserte es nach und nach in seinen Eigenschaften. Nach Deutschland gelangte es dann um 1900.

Die sowjetischen Jongleure zeichneten sich durch eine andere Art der Darbietung aus: Ihre Schule besticht besonders durch die perfekte Gestaltung der Show mit genau geplanter Choreographie, Beleuchtung und Musik, aber auch der Schwierigkeitsgrad der Übungen ist, wie bei den Chinesen, enorm hoch.

Es kann natürlich nicht verwundern, daß das Jonglieren immer wieder mit anderen Formen der Unterhaltungskunst kombiniert wurde, zumal der Rahmen dafür oft schon vorgegeben war. Im Zirkus zum Beispiel zeigt man vermehrt Jonglierdarbietungen zu Pferde. Sie gehören zu den schönsten und schwierigsten Zirkusattraktionen. Diese Kunst wirkt besonders durch den gemeinsamen Rhythmus vom Pferdegalopp und der Bewegung der Gegenstände spannend und eindrucksvoll.

Der erste Artist, der eine Nummer zu Pferde in seinem Zirkusprogramm hatte, war Philip Astley. Um 1800 führte er das Tellerdrehen vor, während er, auf dem Pferde stehend, durch die Manege ritt.

Emile Aguimoff dagegen arbeitete mit drei Fackeln: Er warf alle drei in die Luft, drehte einen Salto auf dem Pferd, fing die Fackeln wieder auf und jonglierte mit ihnen ruhig weiter.

Victor Riego wiederum ritt durch die Manege und wirbelte dabei Bälle, Teller und brennende Lampen herum. Zwischendurch spielte er den Zuschauern etwas auf der Geige vor.

Eine andere Form der Jonglierkunst ergab sich durch die Verbindung mit Balanceakten und Kraftakrobatik. Der Publikumsgeschmack mag heutzutage nicht mehr in diese Richtung gehen, doch vor einigen Jahrzehnten sah das noch anders aus: Man balancierte und jonglierte zum Beispiel mit schweren Eisen- oder Stahlkugeln, mit Stangen, Gewichten und sogar Kanonen.

Eine ganz besonders spektakuläre, aber auch risikoreiche Vorführung war es, den von einer Kanone abgefeuerten Torpedo im Nacken aufzufangen. Das ging, wie man weiß, nicht immer gut: Paula Deluca verunglücke 1936, als sie versuchte, diesen Trick mit einer Stahlkugel auszuführen. Sie verschätzte sich, die Kugel traf nicht im Nacken, sondern auf dem Hinterkopf auf, wo der Aufprall nicht genügend abgefangen werden kann: Paula Deluca starb drei Tage später.

Stahlkugeln sind natürlich nicht die einzigen außergewöhnlichen Requisiten, mit denen jongliert wurde. Es gab auch Künstler, die nicht mit Bällen, Reifen oder Keulen arbeiteten, sondern mit ganz alltäglichen Gebrauchsgegenständen raffinierte Vorstellungen boten. Eine besondere Gruppe waren die »Restaurant-Jongleure«. Diese Artisten – meist als Kellner gekleidet – verzauberten die Zuschauer durch den kunstvollen Umgang mit Gegenständen aus der Inneneinrichtung eines Restaurants: Teller und Be-

Das Jonglieren wurde früher häufiger mit spektakulärer Kraftakrobatik kombiniert

W. A. Repp mit seinen zahlreichen Requisiten zählte zu den komischen Jongleuren

stecke, Stühle und Flaschen, Zeitungshalter und sogar Tische wirbelten in atemberaubender Abfolge durch die Luft. Manchmal waren gleich mehrere Akteure an solch einem Spektakel beteiligt, was exaktes Zusammenspiel voraussetzte und für die Zuschauer eine besondere Augenweide war.

Besonders elegant hingegen gaben sich die »Gentleman-Jongleure«, die etwa seit der letzten Jahrhundertwende ihr Publikum fanden. Ihnen kam es vor allem auf eine spezielle und wie improvisiert wirkende Art der Darbietung an, weniger auf einen außergewöhnlich hohen Schwierigkeitsgrad der vorgeführten Tricks. Sie setzten sich zum Ziel, während des gesamten Auftrittes »cool«, würdevoll und elegant auszusehen. Jongliert wurde mit Dingen, die zum »Mann von Welt« gehörten: Zylinderhüte, Zigarren, Handschuhe, Spazierstöcke, auch Sektflaschen, Billardkugeln und -stöcke gehörten beinahe unbedingt zu den Requisiten der »Gentlemen« auf der Bühne.

Felix Adanos und Salerno waren zwei bekannte Vertreter dieses Genres. Der berühmteste »Gentleman« war jedoch der in Nürnberg geborene Michael Steiner, der sich den Künstlernamen Kara Michael zugelegt hatte. Er trat auf der ganzen Welt auf, war überall die Sensation in Varieté und Zirkus und erzielte als Publikumsmagnet natürlich bald beachtliche Gagen.

Einen ganz anderen, weniger eleganten Stil entwickelten die komischen Jongleure. Ihre Kunst liegt weniger im Demonstrieren spektakulärer Tricks, sondern ihr

Ziel ist es, das Publikum durch witzige Nummern zum Lachen zu bringen. Dabei setzen sie oft zusätzlich die Pantomime oder Sprache ein; manchmal treten sie auch zu zweit auf, was allein schon zu mancher Situationskomik und zu clownesken Mißverständnissen führen kann.

Die Anzahl der verwendeten Jonglierrequisiten ist bei komischen Nummern oft gar nicht groß – dagegen läßt man den Zuschauer um so intensiver den »Kampf« mit der Tücke des Objekts nachvollziehen. Oder man denkt sich verblüffende kleine Tricks aus, um die Erwartungen des Publikums immer wieder in die Irre zu führen.

W. C. Fields entwickelte um 1900 herum den Typ des komischen »Tramp-Jongleurs«, der in heruntergekommener Garderobe auftrat. Charly Chaplin konnte übrigens auch jonglieren; er führte zum ersten Mal vor, wie man während des Jonglierens einen Apfel ißt. A. W. Repp und Bela Kremo gehören ebenfalls zu den komischen Jongleuren, genauso wie Gil Dova oder das Duo Dr. Hot und Mr. Neon.

Am einfachsten und naheliegendsten scheint es natürlich zu sein, die Jonglierrequisiten stets mit den Händen in der

Luft zu halten. Aber auch mit den Füßen kann man es zu Meisterleistungen bringen, wie schon mancher Artist bewiesen hat. Das Werfen, Fangen, Balancieren und Rotierenlassen von Gegenständen mit den Füßen faßt man unter dem Begriff »Antipodenspiele« zusammen (Antipode, gr.-lat., bedeutet »Gegenfüßler«). Jean Claude ist einer der bekanntesten unter diesen Artisten. Er arbeitet mit Fußbällen und Fußballspielerpuppen. Erwähnenswert sind auch die Asiatinnen, die für ihr Geschick mit den Füßen bekannt sind. Häufig sind es Schirme, die sie anmutig balancieren und jonglieren. Und von den »Drei Castors« sagt man, daß sie die talentiertesten sechs Füße des Showgeschäftes haben.

Seinen Kopf dagegen nutzt Piletto. Seine Vorführungen bestechen durch die Anmut und große Sicherheit, mit der er mehrere Bälle gleichzeitig in der Luft hält. Die »Baladinis« wiederum waren die ersten, die Mund und Zunge beim Jonglieren einsetzten. Sie fingen kleine, leichte Kunststoffbälle mit den Lippen auf und schleuderten sie unter Zuhilfenahme der Zunge und der Lungenkraft wieder empor – eine Technik, die nur sehr schwer zu erlernen ist.

Natürlich würde es den Rahmen dieses Buches sprengen, die Jongleure aller Zeiten oder gar sämtliche Stile aufzuzählen. Dazu gibt es andere Literatur, die das weitaus gründlicher angeht (siehe Seite 80). Hier sollte lediglich ein kleiner Überblick gegeben werden, um Ihnen zu zeigen, daß Jonglieren nicht gleich Jonglieren ist, und um zu demonstrieren, daß das Spiel mit der Schwerkraft und mit der eigenen Geschicklichkeit schon immer eine starke Herausforderung bedeutete – und auch heute stets begeisterte Zuschauer findet.

Einen Mann darf man jedoch nicht unerwähnt lassen: den Italiener Enrico Rastelli. Er ist für die meisten Menschen der Inbegriff des Jonglierens überhaupt und sicherlich der berühmteste und alle überragende Meisterjongleur. Rastelli wurde am 19. Dezember 1896 in Samara (Rußland) geboren. Er entstammt der dritten Generation einer italienischen Artistenfamilie und sollte auf Wunsch seines Vaters Luftakrobat werden. Enricos heimliche Leidenschaft war aber das Jonglieren, und so übte er heimlich wie besessen, ohne daß seine Eltern es wußten. Als sein Vater ihn schließlich beim Üben überraschte, war er so angetan von der Kunstfertigkeit seines Sohnes, daß er ihm erlaubte, Jongleur zu werden. Mit elf Jahren trat Enrico Rastelli zum ersten Mal öffentlich auf. Zu Beginn seiner Karriere zeigte er japanische Ballnummern, zu denen ihn der Jongleur Takasima inspiriert hatte, als Rastelli 1917 durch die Revolution in Rußland festgehalten wurde. Er erfand aber immer neue, schwierigere Kunststücke dazu, die er oft sechs bis acht Jahre lang üben mußte, bis er sie beherrschte. Nachdem er eine Zeitlang mit Gummibällen gearbeitet hatte, stellte er sich schließlich auf Lederfußbälle um, ganz nach dem Geschmack des Publikums.

Sein Können grenzte fast ans Wunderbare. Er jonglierte nicht nur mit großen Bällen, sondern auch mit bis zu zehn kleinen Bällen. Sie rollten an ihm herauf und herab, über Arme, Beine, Rücken, Kopf und Nacken. Er balancierte besonders schwere Fußbälle, ließ sie um sich tanzen, stillstehen, springen und um sich selbst drehen, als hätten sie ein Uhrwerk im Inneren. Sein Name prangte in riesigen Leuchtbuchstaben von den Fronten der Varietés in aller Welt. 1931, auf dem Höhepunkt seiner Karriere, starb er im Alter von 35 Jahren an einer Blutvergiftung. Tausende gaben ihm ein letztes Geleit. Enrico Rastelli wird unvergeßlich und wahrscheinlich auch für lange Zeit unerreicht bleiben.

Seit einigen Jahren ist das Jonglieren nicht mehr alleine den Profis vorbehalten, sondern gewinnt auch immer mehr Bedeutung als Freizeitvergnügen für jedermann: Jonglieren ist faszinierend und macht viel Spaß, und zwar nicht nur den Zuschauern, sondern vor allem auch dem Übenden, der nach und nach kleine und große Erfolgserlebnisse für sich verbuchen wird. Man kann die Grundform mit drei Bällen schon in wenigen Übungsstunden lernen, wenn man sich nicht zu schnell entmutigen läßt. Man benötigt weder teure Geräte noch eine spezielle Kleidung. Das Training läßt sich überall ausführen, und man erntet schon mit einfachen Tricks den Beifall der Zuschauer – es gibt also Gründe genug, warum das Jonglieren in Zukunft vielleicht noch populärer wird. Wenn Sie Lust haben, können Sie dazu beitragen!

Requisiten zum Jonglieren

Wer mit dem Jonglieren beginnt, muß keinen großen Materialaufwand betreiben. Man sollte allerdings auch nicht zu den erstbesten Gegenständen greifen, die in der Wohnung herumliegen, denn gerade als Anfänger sollte man mit solchen Dingen üben, die wirklich problemlos zu handhaben sind und das Fangen und Werfen nicht unnötig erschweren.

Jongliersäckchen

Aus Japan stammen die Jongliersäckchen, die dort traditionell mit Reis gefüllt werden. Säckchen können Sie kaufen oder auch relativ leicht selbst herstellen. Wir geben Ihnen drei unterschiedliche Schnitte zur Auswahl. Einer (A) ergibt ein beinahe würfelförmiges Säckchen, die anderen werden annähernd rund. Bei der Würfelgrundform liegen nachher die mit den Buchstaben a – f markierten Ecken genau zusammen.
Für Säckchen B schneidet man das Teil 2x zu und setzt die Stücke zunächst so aneinander, wie es die kleine Zeichnung zeigt. Dann näht man zu beiden Seiten die Kanten aneinander. Das Prinzip ist wie bei einem Tennisball. Für Säckchen C werden vier Teile aneinandergenäht. An beiden Seiten treffen sich dann vier Spitzen.

Verwenden Sie dichten, kräftigen Stoff, und schneiden Sie die Teile mit einer Nahtzugabe von 0,5 cm zu (gestrichelte Linien). Legen Sie den Stoff dann rechts auf rechts aufeinander und nähen Sie die Kanten sorgfältig zusammen; ein etwa 4 cm breites Stück Naht läßt man noch offen. Das Säckchen wird umgestülpt und gefüllt. Anstelle von Reis können Sie auch kleine Steinchen zum Füllen nehmen, was allerdings bei größeren Säckchen zu einem zu hohen Gewicht führt.
Füllen Sie die Säckchen möglichst prall, das wirkt sich in der Praxis vorteilhaft aus. Zum Schluß vernähen Sie das letzte Stück Naht von außen.

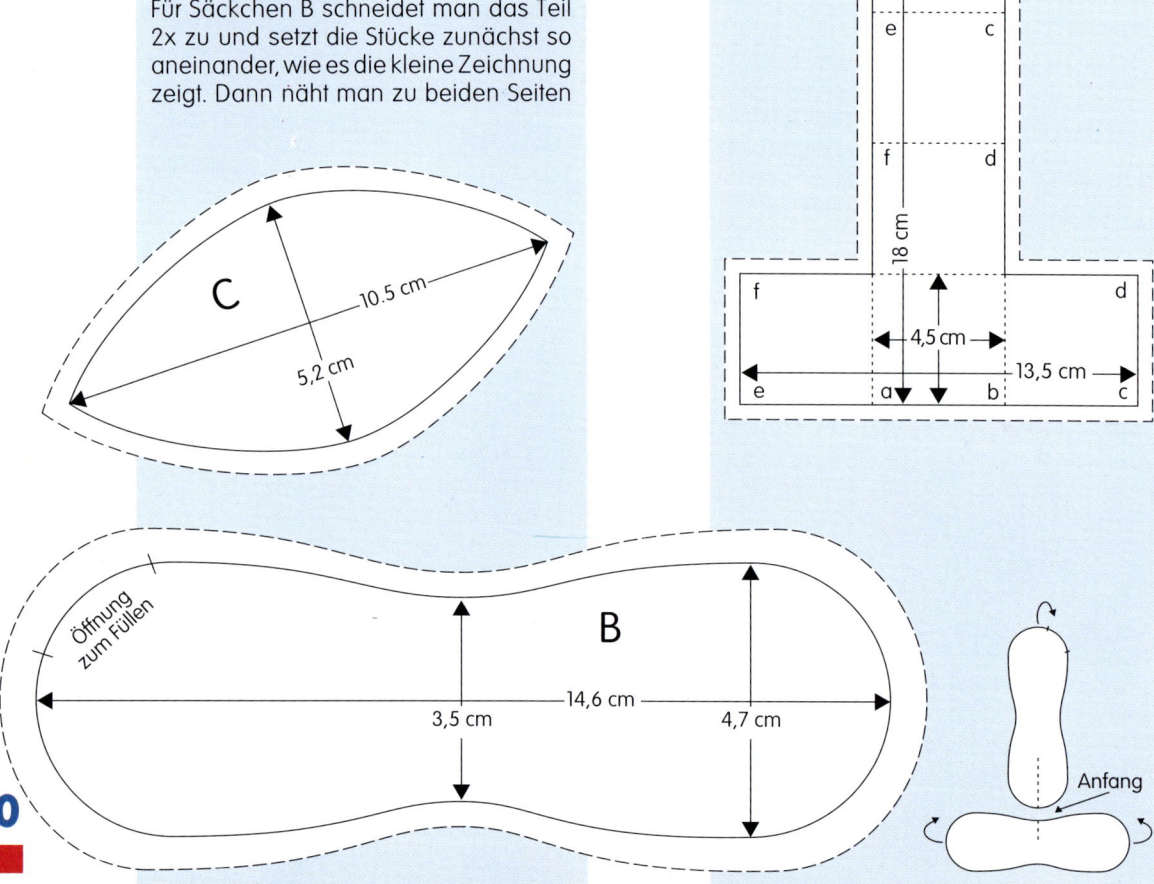

Bälle, Äpfel und ähnliche Dinge

Als angehender Jongleur können Sie außer mit Säckchen auch mit Bällen beginnen. Beides zwingt zu genauem Werfen, und man lernt dadurch eine gute Arm- und Handbewegung; zum anderen sind Jonglierbälle recht preiswert. In Fachgeschäften erhält man sie schon ab 7,–DM. (Adressen für Versandhandlungen finden Sie hinten im Buch.)
Wer will, kann auch versuchen, in Spielwarenläden große Vollgummibälle mit enormer Sprungkraft, die sogenannten »Flummis«, zu bekommen, die auch das erforderliche Gewicht zum Jonglieren mitbringen. Der Nachteil von Flummis ist, daß sie nicht so haltbar sind wie spezielle Jonglierbälle. Tennisbälle sind zu leicht und müssen noch gefüllt werden, ehe man mit dem Üben beginnen kann. Dazu bohrt man mit einem spitzen Gegenstand an eine Stelle der Naht ein Loch in den Ball. Wenn man ihn dann mit

einer Hand zusammendrückt, vergrößert sich das Loch, und man kann mit einem kleinen Trichter Sand, Salz oder Hirse einfüllen. Anschließend verschließt man das Loch mit etwas Klebstoff. Da der Ball wieder in seine ursprüngliche Form zurückgeht, ist die Öffnung sogar ohne Klebstoff ziemlich dicht.
Wer mit Bällen oder Säckchen schon sicher jongliert, kann auch mit Gegenständen trainieren, die nicht auf den Boden fallen sollten, wie Äpfeln, Orangen, Eiern, Tomaten oder anderen Dingen von ähnlicher Größe und vergleichbarem Gewicht. Danach kann man dann zu Ringen oder Reifen übergehen.

Eine Auswahl an Jonglierbällen und Jongliersäckchen für Einsteiger – Tomaten, Äpfel und Eier sind für Fortgeschrittene gedacht

EINFÜHRUNG

Ringe

Die flachen Ringe kann man ebenfalls selbst herstellen: Gut geeignet ist 3 mm starkes Sperrholz oder Birkenfurnier, das mehrfach verleimt sein muß. Legen Sie beim Sägen mehrere solcher Holzplatten übereinander, damit Sie Ringe mit gleicher Form und Größe erhalten.
Wie die Zeichnung D zeigt, soll der Innendurchmesser der Ringe 22 cm betragen. Die Ringe selbst sind 4 cm breit. Die Kanten müssen Sie gut abschmirgeln, damit es nicht zu Handverletzungen kommt. Damit die Ringe beim Aufprall auf den Boden nicht zersplittern können, umwickeln Sie das Holz mit Tesaband, Wolle oder festem Garn. Fertige Ringe aus Holz oder Plastik, wie sie meist in Fachgeschäften angeboten werden (ab 10,– DM pro Stück), haben den Vorteil, daß sie sehr schmal sind. Dadurch können Sie mehrere in einer Hand halten. Anfänger, die nur mit insgesamt drei oder vier Ringen arbeiten wollen, können sich auch mit Ringtennisringen behelfen, die es in Sportgeschäften zu kaufen gibt.

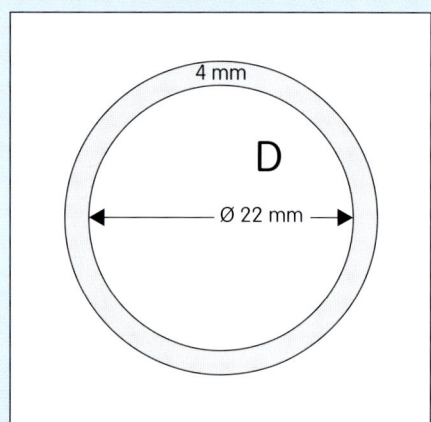

Stöcke und Keulen

Stöcke und Keulen sind schwerer zu handhaben als kugelförmige Requisiten oder Ringe: Denn bei länglichen Gegenständen muß nicht nur genau geworfen, sondern auch die Rotation um die eigene Achse richtig dosiert werden. Deshalb sollten Anfänger zunächst mit Bällen oder Säckchen beginnen.
Stöcke kann man schnitzen oder auf einer Drehbank drechseln. Sie sollten eine ganz bestimmte Form haben, damit

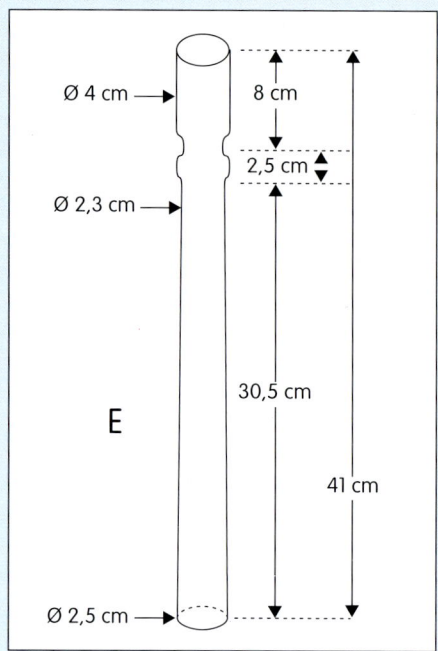

sie gut fliegen. Abbildung E gibt die Maße an für den, der sich selbst einen Stock anfertigen möchte.
Keulen sind recht kompliziert zu basteln. Besser kauft man sie in einem Fachgeschäft. Sie bestehen meist aus Kunststoff: entweder aus einem Guß oder aus einem Kunststoffkörper mit einem Holzstiel in der Mitte. Die zweite Ausführung ist teurer, erlaubt aber auch mehr Variationen, denn am Griffende sind Gumminoppen angebracht, die man für verschiedene Tricks nutzen kann. Leichte Keulen wiegen 160 g, schwere Ausführungen bis 300 g. Auch die Dicke der Griffe ist unterschiedlich. Wählen Sie ein Modell, das Ihnen gut in der Hand liegt, wobei die Keule etwa in der Mitte, etwas zum Griffende verschoben, gehalten wird. Schwerere Keulen machen es dem Anfänger etwas leichter, die Umdrehungen um die eigene Achse richtig zu dosieren.
Wem Keulen zu teuer sind (drei Stück ab 70,– DM), kann sich auch mit Abflußsaugern behelfen. Diese bestehen aus einem Holzstiel und einer Gummiglocke und werden auch unter dem Begriff »Spülsteinreiniger« verkauft. Wenn Sie den Holzgriff mit buntem Band bekleben und die Stielenden mit einer farbigen Plastikkappe als Verzierung versehen, haben Sie sehr preiswerten und dekorativen Ersatz. Die Abflußsauger werden in der Mitte des Griffes gefaßt, wie Keulen.

Diabolos

Das Geschicklichkeitsspiel mit dem Doppelkreisel, dem Diabolo (auch »Chinesisches Jojo« genannt), kennen Sie vielleicht noch aus Ihrer Kinderzeit. Solche Spielgeräte sind jedoch kleiner und leichter als die in der Artistik gebräuchlichen Diabolos. Sie eignen sich deshalb nicht für schwierigere Tricks, denn aufgrund ihres geringen Gewichtes flattern sie bei hohen Rotationsgeschwindigkeiten. Zudem bieten sie in der Mitte zwischen den beiden Halbkugeln nicht genug Platz für das Legen einer Schlinge, das für einige reizvolle Variationen notwendig ist. Die ersten Versuche können Sie trotzdem ruhig mit einem Spielzeugdiabolo starten. Wenn Sie dann Spaß an der Sache gewinnen, sollten Sie sich eine Profiausführung in einem Fachgeschäft besorgen. Für ein gutes Diabolo müssen Sie cirka 60,– DM ausgeben. Diabolos, die einen Durchmesser von 15 bis 20 cm aufweisen sollten und aus zwei Gummi-Halbkugelschalen zusammengesetzt sind, eignen sich besonders gut zum Lernen. Je schwerer das Diabolo ist, desto länger behält es seine Drehbewegung bei, wenn es einmal in Schwung gebracht ist. Das ist wichtig für viele Tricks. Summ-Diabolos, die durch den Luftzug bei der Rotation laut surren, haben den Nachteil, daß die Schnur leicht aus der Mitte abrutscht.

Mit zwei Stöcken, die durch eine Schnur miteinander verbunden sind, erweckt man das Diabolo zum Leben. Die cirka 50 cm langen Stöcke sollten aus einem Material bestehen, das sich nicht verbiegt. Üblicherweise sind sie aus Holz. Die mitgelieferten Schnüre werden von Profis meistens ausgewechselt, da sie oft von schlechter Qualität und zu kurz sind. Die richtige Länge können Sie ermitteln, indem Sie die Stöcke bei waagerecht zur Seite ausgestreckten Armen senkrecht in die Luft halten. Die Schnur sollte dann gespannt sein. Geflochtene, cirka 0,2 cm starke Schnüre, die Sie im Bootszubehörgeschäft erhalten, eignen sich am besten.

Ringe, Keulen, Jonglierstäbe, Diabolos und andere Requisiten

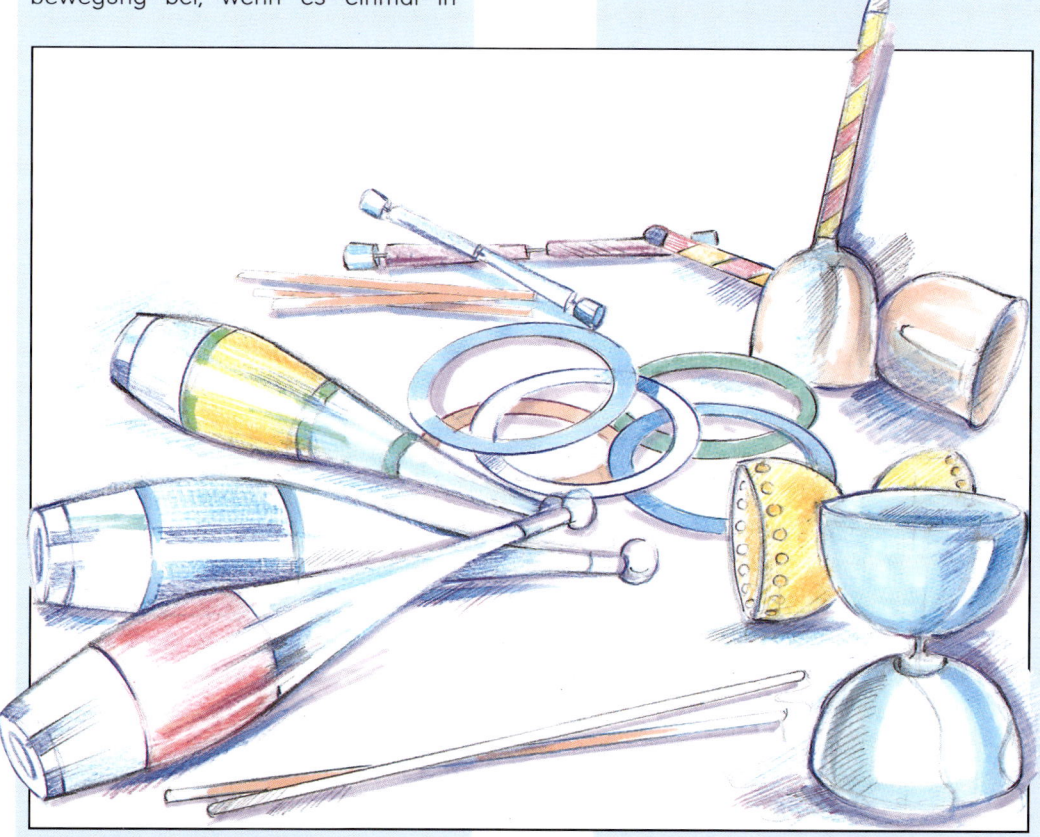

Bevor Sie mit dem Üben beginnen

Sie haben sich ein Diabolo, Bälle oder Säckchen gekauft oder gebastelt und wollen mit dem Üben beginnen. Was ist hier zu beachten?

Zum Jonglieren benötigen Sie keine besondere Kleidung. Ziehen Sie sich bequem an, so daß Sie sich frei bewegen können. Nur bei wenigen speziellen Tricks spielt die Bekleidung eine Rolle. Hinweise dazu finden Sie jeweils in der Beschreibung des Trickablaufes.

Grundsätzlich können Sie überall dort jonglieren, wo Sie Platz zum Stehen haben. Am besten ist es, Sie beginnen auf einer Wiese. Das hat mehrere Vorteile: Zum einen springen die herunterfallenden Bälle auf dem weichen Boden nicht so weit weg, zum anderen müssen Sie keine Angst haben, daß Sie Ihre Zimmereinrichtung zertrümmern. Störend wirken nur manchmal ungebetene Zuschauer mit dummen Bemerkungen. Wenn Sie im Raum üben müssen, räumen Sie alle zerbrechlichen Dinge gut weg und üben mit gefüllten Tennisbällen oder Säckchen: Sie können nicht unkontrolliert herumspringen, wenn sie herunterfallen, weil sie kaum elastisch sind. Mit Vollgummibällen übt man am besten auf oder dicht vor dem Bett: Auch die Matratze absorbiert die Sprungkraft der Bälle, und wenn Sie dicht vor dem Bett stehen, brauchen Sie sich noch nicht einmal zu bücken, um die nicht gefangenen Bälle wieder einzusammeln.

Wichtig ist eine gute Beleuchtung. Künstliches Licht sollte von links und rechts hinten leuchten. Achten Sie auf einen gleichmäßigen, ruhigen Hintergrund, der einen guten Kontrast zu den herumfliegenden Bällen bildet. Das erleichtert das Üben ungemein.

Auch für die Arbeit mit dem Diabolo sollten Sie sich so leger kleiden, wie Sie wollen. Am vorteilhaftesten ist es, im Freien zu trainieren: Denn dort haben Sie genügend Raum zum Hochwerfen und können nichts beschädigen, wenn Ihnen das Gerät einmal von der Schnur rutscht. Zum erfolgreichen Training müssen Sie gut konzentriert und ausgeruht sein. Zehn Minuten pro Trainingseinheit reichen schon aus. Üben Sie lieber oft und kurz als selten und lang, das ist in der Regel effektiver. Wenn Sie jeden Tag nur ein wenig, aber konzentriert üben, werden Sie bald Fortschritte spüren.

Das Buch kann natürlich kein Ersatz für die praktische Arbeit sein. Es ist lediglich eine Anleitung zum Lernen. Aber lernen müssen Sie schon selber.

Wenn Sie den Bewegungsablauf verstanden haben, hilft es übrigens ungemein, sich diesen gedanklich vorzustellen. Schließen Sie dazu die Augen und lassen Sie im Kopf die Bewegungen in der richtigen Reihenfolge in Bildern ablaufen. Wenn Sie dies tun, praktizieren Sie das sogenannte »Mentale Training« oder »Visualisieren«, eine Methode, die in vielen Sportarten angewendet wird. Wenn Sie bei einer Übung dennoch nicht mehr weiterkommen, greifen Sie einfach auf eine Vorübung zurück und probieren es dann noch einmal.

Alle Übungen sind für Rechtshänder beschrieben. Linkshänder ersetzen immer »rechts« durch »links« und umgekehrt. Grundsätzlich sollten Sie sowieso mit beiden Händen gleich gut jonglieren können. Die Zeichnungen sind so gedacht, als ob Sie vor dem Spiegel stehen und sich beim Jonglieren beobachten. Die rechte Hand ist also immer rechts und von vorne dargestellt, die linke Hand links.

Bei den Abbildungen verwende ich zwei Zeichen: Gestrichelte Linien zeigen an, woher die Hand oder das Jonglierrequisit soeben kommt, durchgezogene Linien geben die folgende Bewegungsrichtung an.

Jetzt haben Sie das nötige Wissen, um mit der ersten Übungseinheit beginnen zu können. Legen Sie los! Ich jedenfalls wünsche Ihnen beim Jonglieren viel Spaß und Erfolg!

BÄLLE

Jonglieren ist mit Bällen oder Säckchen einfacher zu lernen als mit Keulen oder Ringen. Deshalb sollte der Anfänger damit beginnen. Je nach Geschicklichkeit und Vorerfahrung ist die Grundform des Jonglierens mit drei Bällen in ein bis drei Stunden Trainingszeit zu erlernen und die Grundlage für viele weitere Tricks.

Übungsweg zum Erlernen der Grundform mit drei Bällen

Schritt für Schritt können Sie sich die Grundlagen des Jonglierens aneignen. Gehen Sie nicht zu schnell voran, denn dann schleichen sich allzu leicht Fehler ein. Die Übungen sind nach steigendem Schwierigkeitsgrad geordnet.

Die Grundhaltung

Stellen Sie sich bequem aufrecht hin, die Füße sind cirka 20 cm auseinander. Das linke Bein winkeln Sie im Knie etwas an und stellen es leicht nach vorne. Dadurch ist man im Stehen etwas beweglicher. Die Oberarme liegen am Oberkörper an, die Unterarme sind mit cirka 90 Grad angewinkelt. Die Handflächen zeigen nach oben, und die Finger sind leicht um die Bälle geschlossen. Man sollte lernen, so genau zu werfen, daß man die Stellung nie verlassen muß. Der Blick ist geradeaus gerichtet.

Vorübung 1 (mit einem Ball)

● **Übungsziel:**
Gleichmäßiger, genauer Wurf mit rechts und links.

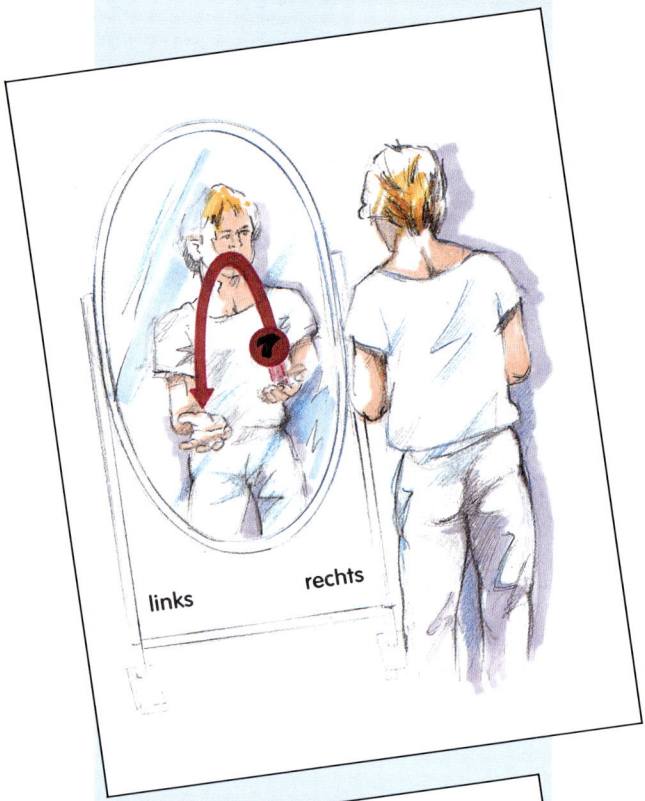

links   rechts

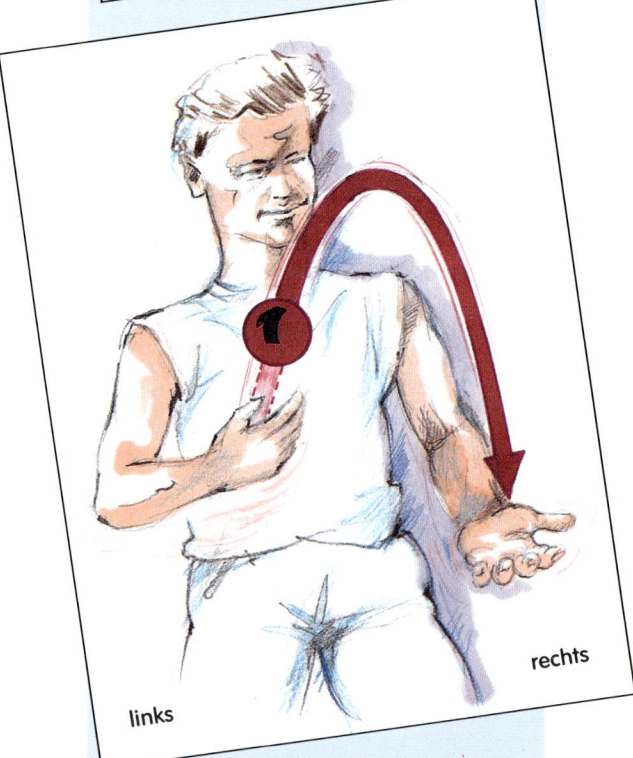

links   rechts

16

Kopfhoher Wurf mit der rechten Hand, dann mit der linken Hand. Die Kurve zeigt den Verlauf der Flugbahn

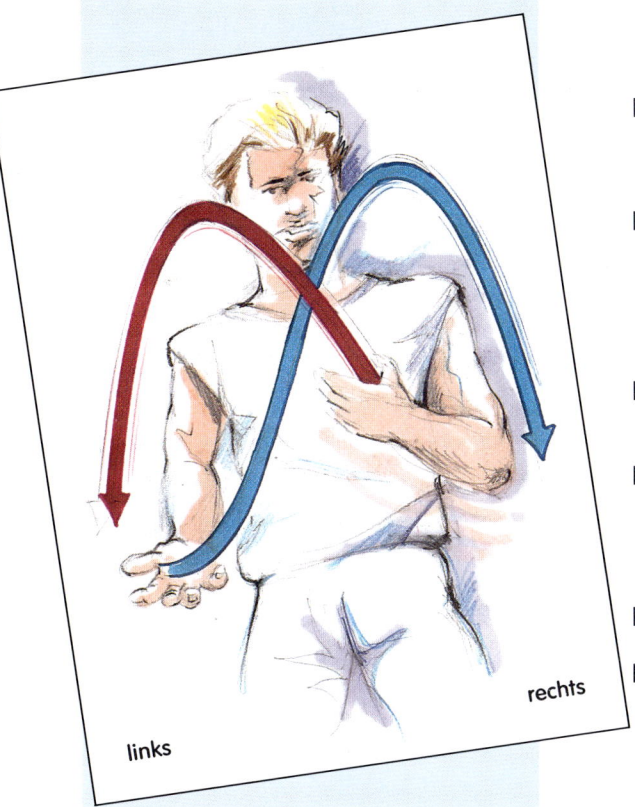

links   rechts

Schema der Flugkurven

Sie nehmen die Grundhaltung ein. In der rechten Hand halten Sie einen Ball, den Sie in einem kopfhohen Bogen in die linke Hand werfen. Bewegen Sie dabei den rechten Unterarm leicht schräg nach oben in Richtung des anderen Arms, also etwas nach links, dicht am Oberkörper entlang. Danach werfen Sie in einem genauso hohen Bogen von links nach rechts. Um den Ball aufzufangen, nehmen Sie die Finger weit auseinander und fangen den Ball weich ab, wobei der Arm vorher aus der Wurfposition wieder zurück in die Ausgangsstellung geführt werden muß. Wichtig: Die Bälle dürfen nicht aus der Luft gegriffen werden, lassen Sie sie nur in Ihre Hand fallen. Die Finger packen den Ball nicht fest, sondern umschließen ihn locker.

Hier zeigen die Zeichnungen mit den Figuren zunächst, wie die Flugbahnen verlaufen. Die rechte Schemazeichnung gibt die gleichen Bewegungsabläufe wieder, und zwar so, als ob man vor einem Spiegel übt. Diese Art der Schemazeichnungen soll später oft als Abbildung genügen.

■ **Fehler:**
Die Oberarme werden zuviel bewegt und liegen bei der Wurfbewegung nicht am Oberkörper an.
■ **Tip:**
Der Oberarm bleibt beim Wurf ruhig, nur der Unterarm wird dicht am Oberkörper nach oben, in Richtung des anderen Arms, geführt.

■ **Fehler:**
Der Ball wird verkrampft gehalten, die Finger sind nicht locker.
■ **Tip:**
Sie dürfen nicht nach den Bällen greifen, lassen Sie diese nur in die leicht geschlossene Hand fallen.

■ **Fehler:**
Die Würfe sind ungleichmäßig.
■ **Tip:**
Ob Sie von rechts oder links werfen – die Flugbahn soll jedesmal nicht höher und nicht niedriger als Ihr Kopf und nur so breit wie Ihr Körper sein. Versuchen Sie, in einen gleichmäßigen Rhythmus zu kommen.

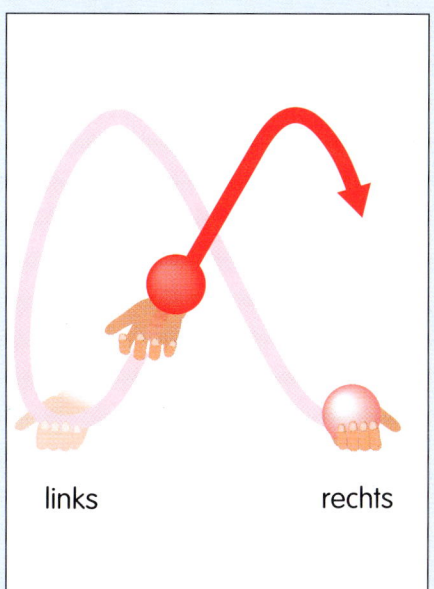

links   rechts

Vereinfachtes Schema: der Ball wird von rechts nach links, danach von links nach rechts geworfen

Vorübung 2 (mit zwei Bällen)

● **Übungsziel:**
Gleichmäßige, genaue Würfe mit dem richtigen Timing.

Die Vorübung 1 haben Sie sicherlich noch nicht sehr interessant gefunden, doch spätestens jetzt werden Sie merken, daß es sehr wichtig ist, mit beiden Händen gleichmäßig hoch werfen zu können.

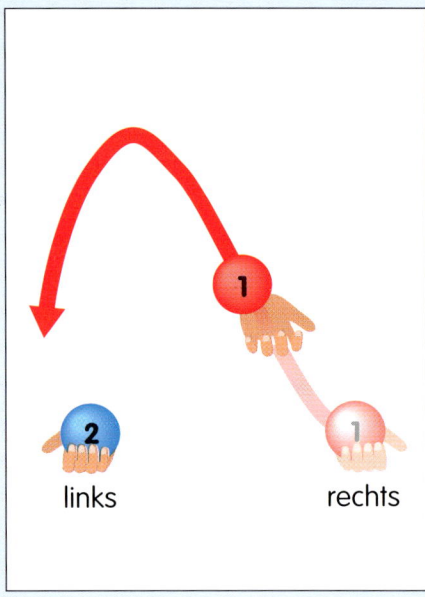

links   rechts

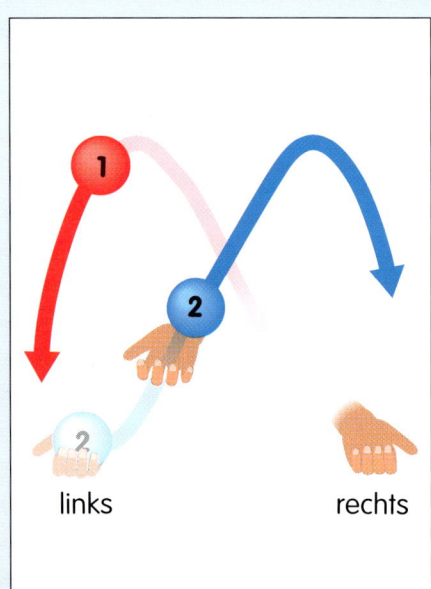

links   rechts

Zunächst wird Ball 1 von rechts nach links geworfen, kurz danach Ball 2 von links nach rechts

Sie nehmen die Grundhaltung ein. In jeder Hand befindet sich ein Ball. Sie beginnen, indem Sie zuerst den rechten Ball (1) wie gewohnt nach links werfen. Kurz nachdem der Ball den höchsten Punkt seiner Flugkurve, also Kopfhöhe, erreicht hat, werfen Sie den zweiten Ball (2) aus der linken Hand nach rechts. Damit beide Bälle nicht in der Luft zusammenstoßen, muß Ball 2 unter der Flugbahn von Ball 1 hergeworfen werden. Der mit links geworfene Ball 2 fliegt dann schräg nach rechts oben, während Ball 1 schon wieder von rechts oben nach links unten herunterkommt. Die Flugbahnen kreuzen sich dabei automatisch. Weil die Bälle aber zeitlich versetzt abgeworfen werden, kann es eigentlich nicht zu einem Zusammenprall kommen.
Bei dieser Vorübung haben die meisten Menschen Probleme, weil sie den zweiten Ball nicht hochwerfen, sondern ihn in die andere Hand übergeben wollen. Diese Form des Jonglierens gibt es zwar auch; sie nennt sich Kranz oder Kaskade und ist im Anschluß an diese Vorübung beschrieben. Das Jonglieren mit drei Bällen in Kaskadenform ist allerdings schwer zu erlernen und eignet sich nicht für Anfänger. Wenn Sie also die leichtere, normale Grundform mit drei Bällen erlernen wollen, müssen Sie sich angewöhnen, auch den zweiten Ball zu werfen, selbst wenn Ihnen dies nicht auf Anhieb gelingt.

■ **Fehler:**
Der zweite Ball wird nicht geworfen, sondern übergeben.
■ **Tip:**
Vielleicht hilft es Ihnen, wenn Sie sich vornehmen, den zweiten Ball extrem hoch zu werfen.

■ **Fehler:**
Sie werfen den zweiten Ball zu früh oder zu spät los.
■ **Tip:**
Zählen Sie beim Werfen rhythmisch »eins-zwei«.

■ **Fehler:**
Die Bälle stoßen in der Luft gegeneinander.
■ **Tip:**
Führen Sie die Arme beim Werfen mehr schräg zum jeweiligen anderen Arm, damit der zweite Ball unter der Flugbahn des ersten Balles herfliegt.

- **Fehler:**
  Sie werfen ungleichmäßig hoch oder nicht genau genug.
- **Tip:**
  Wiederholen Sie Vorübung 1.

- **Fehler:**
  Sie werfen aus Angst vor einem Zusammenprall der Bälle den zweiten nach vorne, von sich weg, und müssen zwangsläufig einen Schritt nach vorne machen.
- **Tip:**
  Wenn Sie seitlich schräg unter der Flugbahn des ersten Balles durchwerfen, müssen Sie nicht zusätzlich nach vorne werfen, damit die Bälle nicht gegeneinanderstoßen. Stellen Sie sich zur Hilfe dicht vors Bett oder eine Wand, dann können Sie nicht mehr nach vorne gehen und vor der Wand sogar nicht einmal nach vorne werfen. Oder denken Sie einfach, Sie wollten den zweiten Ball etwas nach hinten werfen, das hilft oft.

Exkurs: Kaskade mit zwei Bällen

Viele von Ihnen werden schon mit zwei Bällen jonglieren können. Wer dies noch nicht beherrscht, kann es einmal probieren: Man nimmt in jede Hand einen Ball. Die Handinnenfläche der rechten Hand zeigt nach oben, die der linken Hand nach rechts. Wenn die rechte Hand ihren Ball in einem kopfhohen Bogen nach links geworfen hat, übergibt die linke Hand ihren Ball sofort danach nach rechts. Mit rechts wird also immer geworfen, mit links nur gefangen und übergeben. Versuchen Sie das Tempo zu variieren, indem Sie die Wurfhöhe vergrößern oder verkleinern. In der Fachsprache heißt diese Übung Kaskade, Kranz oder Dusche.

Wer die Kaskade beherrscht, hat meist Schwierigkeiten, wenn er mit beiden Händen gleichmäßig die Bälle im Bogen werfen soll, wie bei Vorübung 2 beschrieben ist. Deshalb sollte man die Kaskade möglichst wenig trainieren, wenn man das normale Jonglieren mit drei Bällen lernen will. Die Kaskade kann zwar auch mit drei oder mehr Bällen ausgeführt werden, ist aber dann nur etwas für geübte Jongleure.

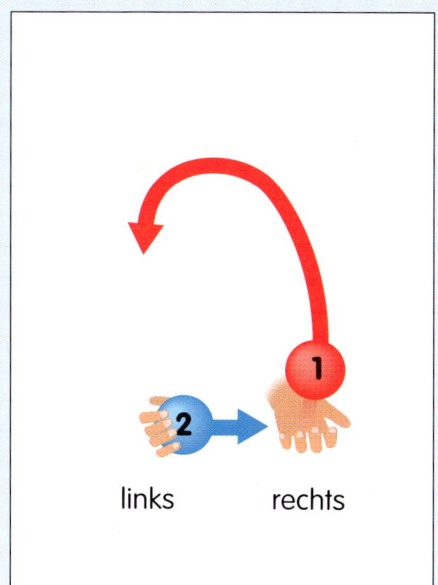

links   rechts

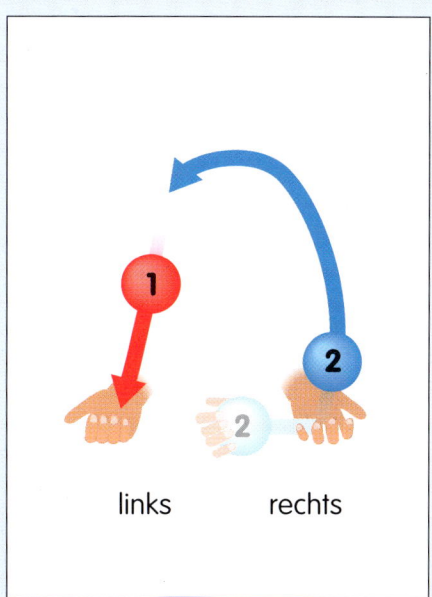

links   rechts

Abwurf von Ball 1 nach links, danach sofortige Übergabe und Abwurf von Ball 2

Vorübung 3 (mit drei Bällen)

● **Übungsziel:**
Gewöhnung an den zweiten Ball in der rechten Hand, Vorrollen des Balles.

Die dritte Vorübung wird genauso ausgeführt wie Vorübung 2. Die rechte Hand hält Ball 1, die linke Ball 2. Nur nehmen Sie jetzt in die Hand, mit der Sie beginnen, Ball 3 dazu. Er liegt hinten, näher zum Handgelenk, und wird bei dieser Vorübung noch nicht geworfen.

Der zuerst abzuwerfende Ball liegt vorne, nah an Daumen und Zeigefinger

Fangen Sie als Rechtshänder wieder mit rechts an und werfen Sie Ball 1, der vorne auf den Fingern liegt. Der andere Ball aus der rechten Hand rollt nach vorne zu den Fingerspitzen, nachdem Sie den ersten Ball geworfen haben. Dazu kippen Sie das Handgelenk nach unten. Gleichzeitig werfen Sie den linken Ball 2 ab, damit Ball 1 mit der nun freien Hand gefangen werden kann.

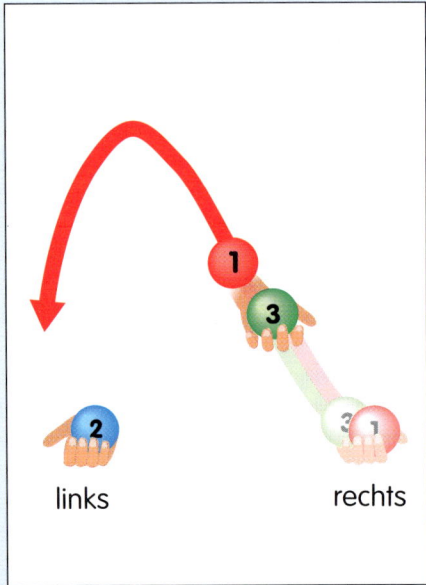

links   rechts

Ball 1 fliegt von rechts nach links ...

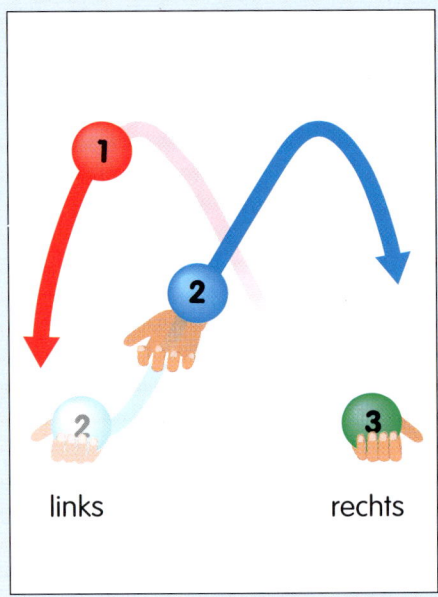

links   rechts

... danach Ball 2 von links nach rechts

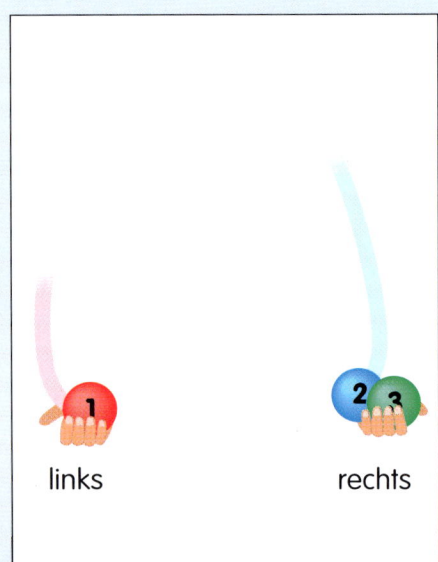

links   rechts

Ball 3 bleibt in der rechten Hand

Es ist unerheblich, ob Sie den von links kommenden Ball fangen können, da der nach vorne gerollte Ball beim Fangen behindert. Beim »richtigen« Jonglieren mit drei Bällen, wie es bei der Grundform auf Seite 22 erklärt ist, halten Sie ja auch niemals mehr als einen Ball in jeder Hand. Allerdings können Sie sich bei dieser Vorübung an den dritten Ball und den Beginn der Grundform gewöhnen.

■ **Fehler:**
Siehe Vorübung 2.

20

Vorübung 4 (mit drei Bällen)

● **Übungsziel:**
Kontrolliertes, gleichmäßiges Werfen mit drei Bällen.

Der Unterschied zu der vorherigen Übung besteht darin, daß Sie jetzt den zweiten Ball aus der rechten Hand ebenfalls werfen. Sie beginnen mit rechts (Ball 1) und werfen ihn nach links, kurz darauf Ball 2 von links nach rechts. Danach wird mit der rechten Hand Ball 3, der nach vorne gerollt ist, nach links geworfen und dort gefangen, so daß diese Hand frei wird, um Ball 2 aufzunehmen. Nach diesen drei Würfen müßten sich jetzt zwei Bälle in der linken und einer in der rechten Hand befinden. Wenn dies der Fall ist (weil Sie keinen Ball fallengelassen haben), beginnen Sie die gleiche Übung nun mit links.
Denken Sie wie bei den anderen Vorübungen daran, daß die Bälle immer etwas seitlich schräg, also unter der Flugbahn des zuvor abgeworfenen Balles, hergeworfen werden müssen, damit sie nicht gegeneinander stoßen. Wenn Ihnen die Vorübung 4 gelungen ist, haben Sie zum ersten Mal drei Würfe lang fließend mit drei Bällen in der normalen Grundform jongliert. Verzweifeln Sie nicht, wenn das Ganze noch sehr ungenau und unsicher abläuft. Es dauert eine Zeit, bis Sie sich einen gleichmäßigen Wurfrhythmus angewöhnt haben.

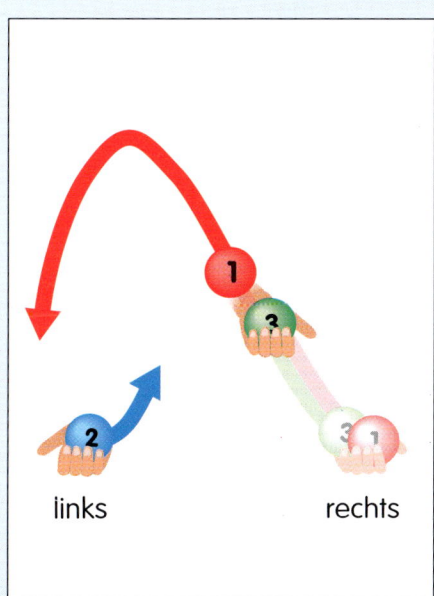

Ball 1 fliegt von rechts nach links, ...

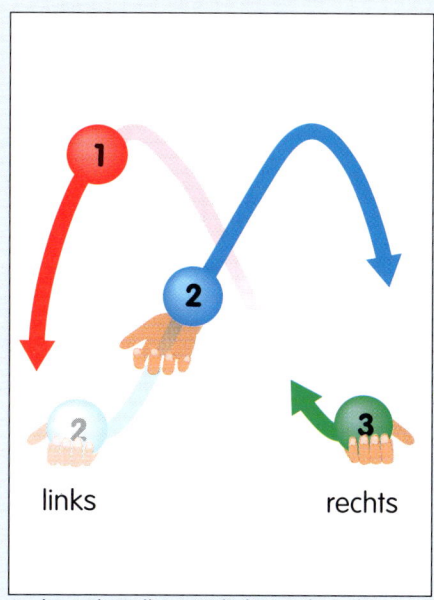

... danach Ball 2 von links nach rechts

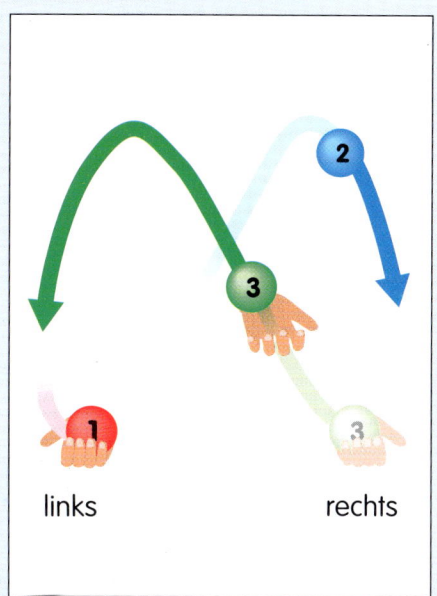

Damit man ihn gut fangen kann, wirft man vorher Ball 3 zur anderen Hand herüber

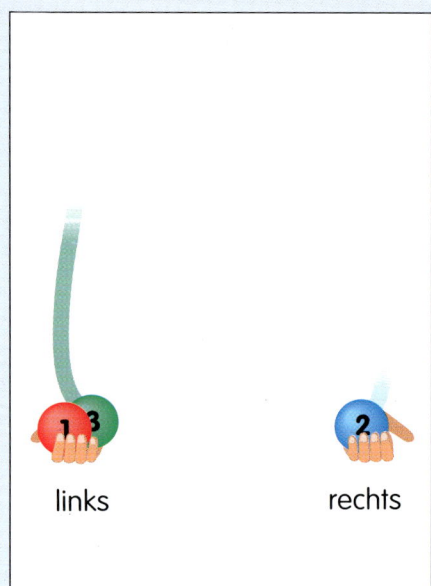

links   rechts

Dort müssen sich jetzt zwei Bälle
befinden, zumindest noch in dieser
Vorübung

■ **Fehler:**
Sie schaffen es nicht, den dritten Ball los-
zuwerfen.
■ **Tip:**
Konzentrieren Sie sich ganz auf diesen
Wurf (eventuell besonders hoch werfen)
und lassen Sie das Fangen erst einmal
außer acht. Nur Mut!

■ **Fehler:**
Sie werfen die Bälle nach vorne und
müssen ihnen nachlaufen.
■ **Tip:**
Denken Sie daran, immer seitlich schräg
unter der Flugbahn des zuvor geworfenen Balles her zu werfen und nicht nach
vorne. Stellen Sie sich zur Hilfe dicht vor
eine Wand. (Siehe auch Vorübung 2.)

■ **Fehler:**
Sie geraten in Hektik und Zeitnot.
■ **Tip:**
Wenn Sie gleichmäßig und genau werfen, haben Sie viel Zeit. Zählen Sie bei
den Würfen rhythmisch »eins-zwei-drei«.
Wiederholen Sie Vorübung 2, damit Sie
sich daran gewöhnen, mit rechts und
links gleichmäßig hoch zu werfen.

Grundform: Jonglieren mit drei Bällen

● **Übungsziel:**
Kontrolliertes, gleichmäßiges Jonglieren
mit drei Bällen.

Bei der Vorübung 4 haben Sie dreimal
geworfen und den dritten Ball links gefangen. Dort trafen sich zwei Bälle. Jetzt
werfen Sie einfach, bevor Ball 3 kommt,
den anderen (Ball 1) nach rechts, so daß
Sie Ball 3 gut fangen können.
Ein fließendes, rhythmisches Jonglieren
ergibt sich dann, wenn Sie immer im
gleichen Rhythmus abwechselnd links
und rechts werfen. Dadurch wird die
Hand immer rechtzeitig frei, um den
nächsten Ball zu fangen.
Der Übergang von der Vorübung 4 fällt
den meisten Übenden ziemlich leicht.
Normalerweise schafft man gleich vier,
fünf oder sechs Abwürfe, bevor man den
Rhythmus verliert und ein Ball zu Boden
fällt. Versuchen Sie, die Anzahl der gelungenen Würfe immer weiter zu steigern, bis Sie schließlich ganz ruhig und
kontrolliert jonglieren können. Das Problem, daß die Bälle am Anfang zu weit
nach vorne geworfen werden und man
ihnen deshalb nachlaufen muß, tritt übrigens bei den meisten Anfängern auf
und ist ganz normal. Die letzte Zeichnung gibt noch einmal das Bild der Flugkurven wieder, die Pfeile zeigen die Richtung der Würfe. Es ergibt sich ungefähr
eine liegende 8. Hochgeworfen wird innen, nahe der Körpermitte, gefangen
wird außen.

■ **Fehler:**
Ähnlich wie bei Vorübung 4.

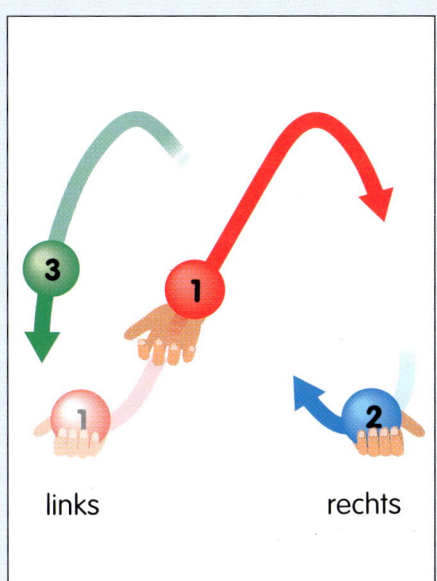

links   rechts

**Fließendes Jonglieren in der Grundform:
Nie werden zwei Bälle gleichzeitig
in einer Hand gehalten.
Man wirft und fängt wechselseitig**

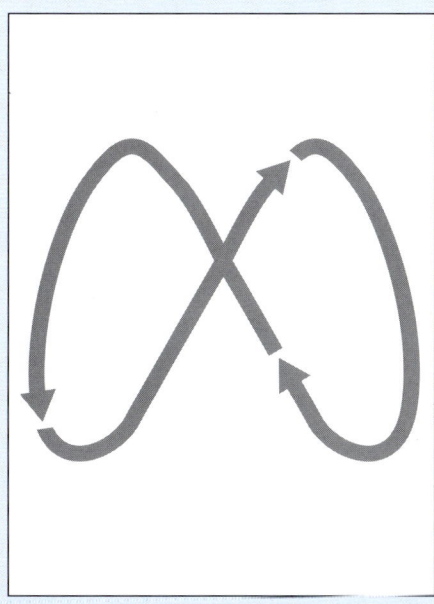

**Schema der Flugkurven für die
Grundform: Innen wird abgeworfen,
außen gefangen**

Variationen
der Grundform

Wenn Sie die Grundform mit drei Bällen
einigermaßen flüssig beherrschen, können Sie Ihre Fähigkeiten weiter ausbauen. Vernachlässigen Sie aber nicht
die normale Grundform, die Sie immer
wieder üben sollten, auch wenn Ihnen
schon andere Tricks gelingen.

Veränderte Wurfhöhe,
Variante 1

Versuchen Sie, wenn Sie fließend die
Grundform jonglieren, immer niedriger
zu werfen, bis Sie schließlich die Hände
ganz dicht zusammen haben. Danach
steigern Sie die Wurfhöhe wieder, bis die
Bälle extrem hoch fliegen.

▲ **Schwierigkeit:**
Bei sehr niedrigen Würfen ist das Tempo
sehr schnell. Bei sehr hohen Würfen ist
es schwer, die Bälle gleichmäßig hoch
zu werfen und exakt zu fangen; die Aufmerksamkeit muß um einiges erhöht
werden.

Veränderte Wurfhöhe,
Variante 2

Werfen Sie zwischendurch einmal nur
einen einzigen Ball viel höher als die
anderen. Das ergibt einen interessanten
Effekt.

▲ **Schwierigkeit:**
Sie müssen mit dem nachfolgenden
Wurf länger warten. Dadurch wird Ihr
Wurfrhythmus gestört.
Beide Varianten sind sehr einfach aus-
zuführen und werden Ihnen wahr-
scheinlich keine Probleme bereiten.

Jonglieren mit Überwurf

Bis jetzt haben Sie die Bälle immer leicht nach innen, also schräg unter der Flugbahn des davor abgeworfenen Balles, hergeworfen. Effektvoller, aber auch schwieriger ist es, immer von außen, also über der Flugbahn des zuvor abgeworfenen Balles zu werfen. Dazu bewegt man die Hand vor dem Abwerfen des Balles nicht mehr seitlich zu anderen Hand hin, sondern etwas nach außen. Für den Überwurf wird automatisch weiter oben und weiter vom Oberkörper weg abgeworfen als beim Jonglieren mit Innenwürfen.

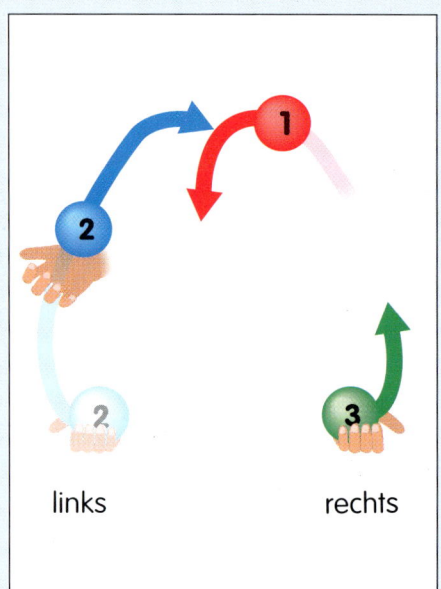

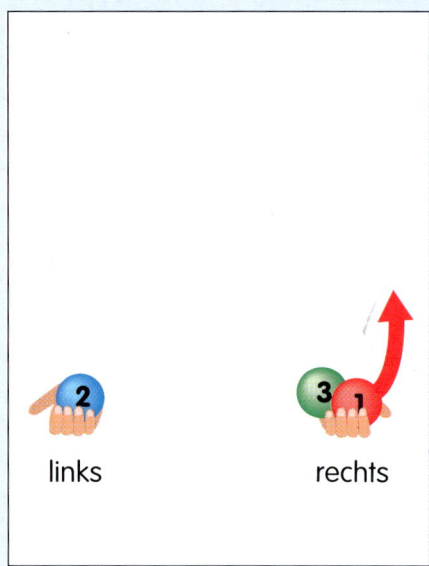

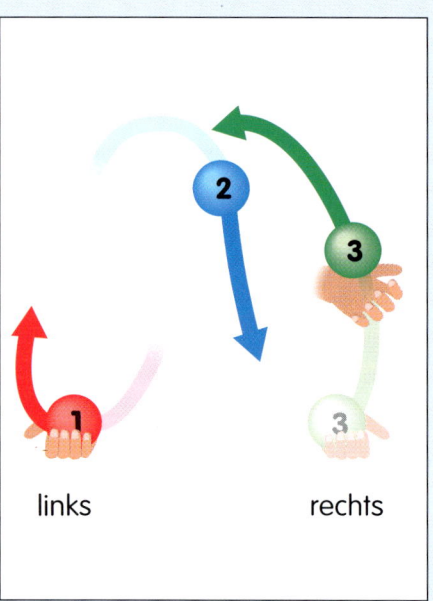

Man beginnt wieder mit zwei Bällen in einer Hand, wirft außen herum und fängt innen, vor dem Körper

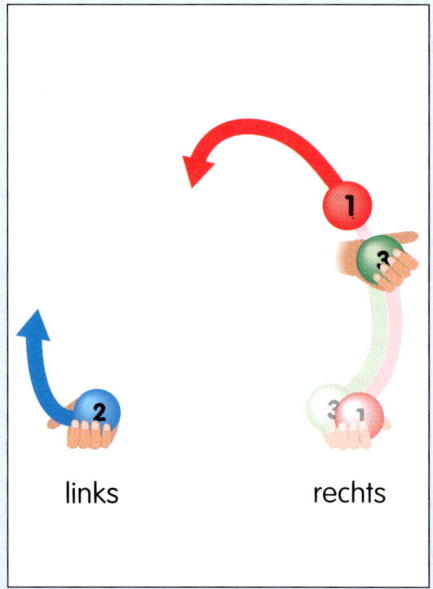

▲ **Schwierigkeit:**
Die Arme können nicht mehr dicht und ruhig am Oberkörper anliegen, deshalb ist es schwieriger, genau zu werfen.

● **Übungsweg:**
– Versuchen Sie zunächst, nur mit der rechten Hand ab und zu außen herum zu werfen, danach dann alle Bälle von rechts im Überwurf wieder nach links zu schicken.

24

- Wenn Ihnen dies gut gelingt, versuchen Sie das gleiche mit links.
- Danach probieren Sie Überwürfe mit beiden Händen.
- Wer darin sicher ist, hat die Möglichkeit, beide Grundformen willkürlich zu mischen. Zum Beispiel kann man zwei Bälle wie gewohnt in der Grundform (also mit Innenwürfen) jonglieren, während der dritte Ball immer darüber geschickt wird, mal von rechts, mal von links.

Übrigens ändert sich durch dazwischengeschaltete Überwürfe der Rhythmus etwas, denn man muß für sie etwas früher abwerfen.

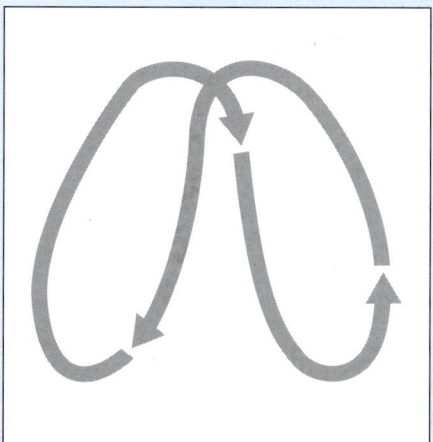

Schema der Flugkurve für die Grundform mit Überwürfen. Es sieht anders aus als das für die Grundform mit Innenwürfen

Jonglieren gegen die Wand

Mit ungefüllten Tennisbällen oder Vollgummibällen können Sie die Grundform auch gegen eine glatte Wand jonglieren. Einfacher ist diese Übung, wenn der Ball nicht direkt, also schräg von unten, auf der Wand auftrifft, sondern den höchsten Punkt seiner Flugkurve schon vorher erreicht und in einem Bogen von oben auf der Wand auftrifft. Dadurch prallt der Ball langsamer zurück, und man hat mehr Zeit. Am besten verwenden Sie für diese Übung ungefüllte, normale Tennisbälle, weil diese eine deutliche, aber nicht zu starke Sprungkraft aufweisen. In der Grundhaltung stehen die Füße hüftbreit auseinander, die Beine sind in den Knien etwas gebeugt. Ein günstiger Abstand zur Wand beträgt etwa 80 cm.

Wenn Sie rhythmisch in die Knie und wieder hoch gehen und dabei leicht die Hüfte hin und her drehen, können Sie die Würfe unterstützen und stabilisieren: Beim ersten Wurf gehen Sie in die Knie, beim nächsten wieder hoch und so weiter. Mit rechts werfen Sie immer links neben den davor geworfenen Ball, mit links rechts daneben. Gegen die Wand jonglieren Sie also mit Innenwürfen, wie bei der normalen Grundform.

▲ **Schwierigkeit:**
Richtung und Härte der Würfe müssen noch genauer, noch gleichmäßiger sein als bei der normalen Grundform.

● **Übungsweg:**
Gehen Sie nach den Vorübungen für die normale Grundform vor und beginnen Sie zunächst mit einem Ball, um ein Gespür für die Flugbahn zu bekommen.

■ **Fehler:**
Sie werfen den Ball zu fest gegen die Wand und kommen dadurch in Zeitnot.

■ **Tip:**
Der Ball sollte nicht zu stark, statt dessen im Bogen gegen die Wand geworfen werden – wie oben beschrieben.

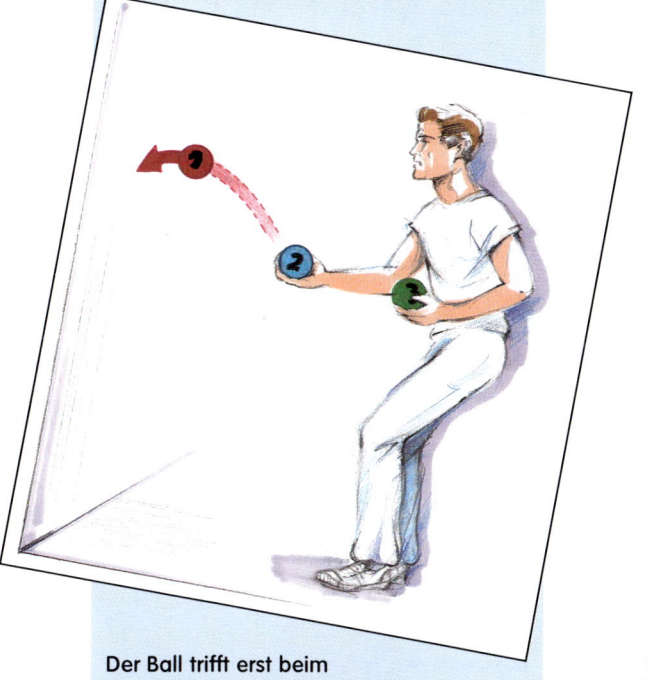

Der Ball trifft erst beim Herabfallen an der Wand auf

Jonglieren nach unten

Genauso wie gegen die Wand können Sie die Grundform auch nach unten auf den Boden ausführen. Nach unten zu jonglieren ist allerdings etwas schwieriger als hochzuwerfen.

Dazu stellen Sie die Füße wieder hüftbreit auseinander, die Beine sind im Kniegelenk locker. Den vom Boden hochspringenden Ball umschließen Sie leicht mit den Fingern – der Handrücken zeigt nach oben – und prellen ihn aus einer Bewegung von Unterarm und Handgelenk wieder nach unten auf den Boden. Damit die Bälle nicht gegeneinander prallen, muß mit der rechten Hand der Ball rechts neben dem vom Boden hochspringenden Ball nach unten aufgeprellt werden und mit der linken Hand links daneben. Es wird also von außen geworfen, wie beim Jonglieren mit Überwurf. Ich werfe immer ziemlich spät, nämlich dann, wenn der vorher abgeworfene Ball die Hand schon fast erreicht hat und der Ball am Ende seiner Aufwärtsbewegung ist. Sie können die Bälle also im Aufsteigen, auf ihrem höchsten Punkt oder sogar erst beim Herunterfallen fangen.

▲ **Schwierigkeit und Übungsweg:**
Wie beim Jonglieren gegen die Wand.

■ **Fehler:**
Die Finger umschließen die Bälle beim Fangen zu verkrampft, und es kommt zu einem Zeitverlust zwischen Fangen und Abwurf nach unten.

■ **Tip:**
Schütteln Sie die Hände zwischendurch locker aus. Umfassen Sie die Bälle nur leicht.

Das Greifen

Eine weitere Variation der Grundform ist es, die Bälle nicht in die Hand fallen zu lassen, sondern diese mit der Hand von oben zu fassen. Diese Variation wird Greifen genannt, da die Finger hier – im Unterschied zu den meisten anderen Formen – fest zugreifen müssen, um den Ball sicher zu fangen. Beim Fangen und beim Werfen zeigt der Handrücken nach oben. Geworfen wird mit einer Aufwärtsbewegung der Arme.

Diese Variation der Grundform ist die schwierigste der bisher genannten Formen. Deshalb sollte man sich zuerst damit begnügen, lediglich mit der rechten Hand zu greifen und mit der linken normal zu jonglieren, so wie es die Zeichnungen zeigen. Wenn man gleich mit beiden Händen greift, bekommt man meist schon nach wenigen Würfen einen Ball nicht genau zu fassen und verliert dadurch die Kontrolle.

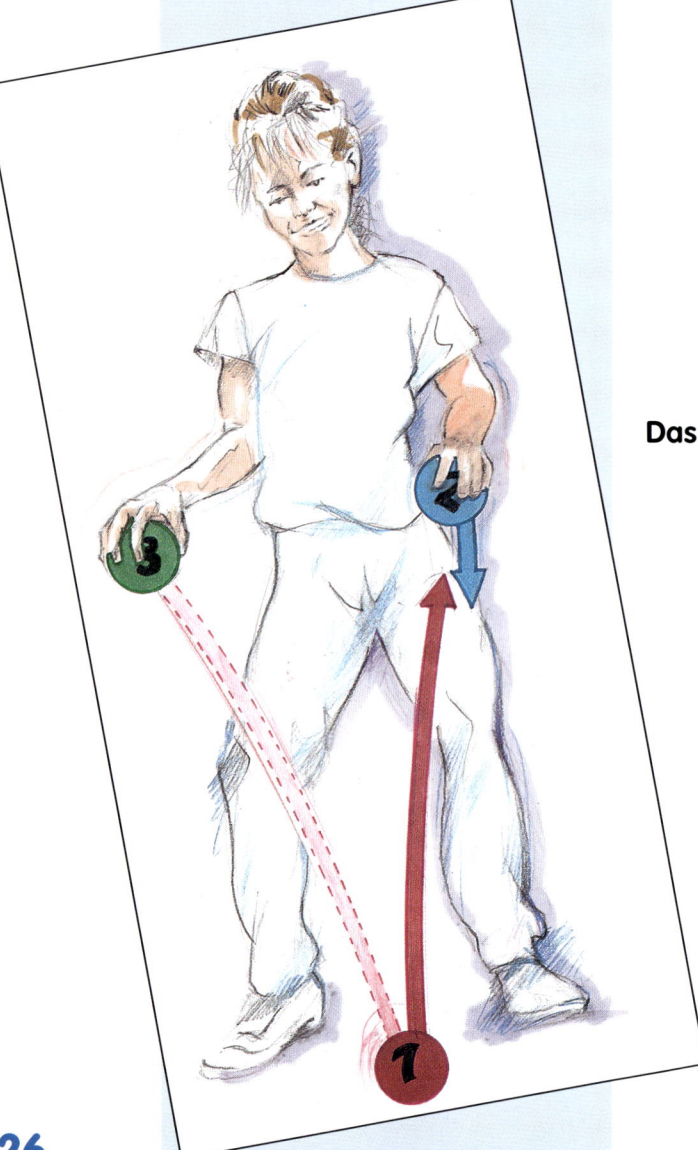

Man wirft den Ball immer außen neben dem aufsteigenden Ball vorbei

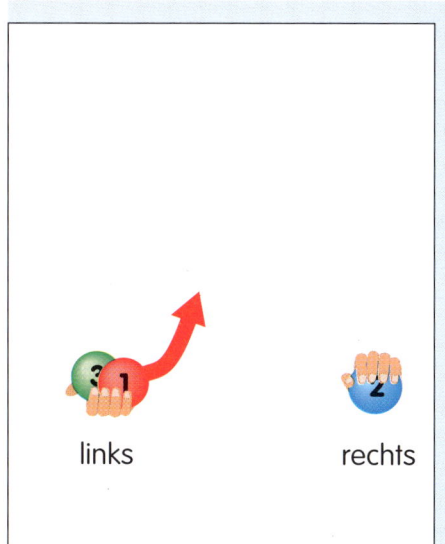

links   rechts

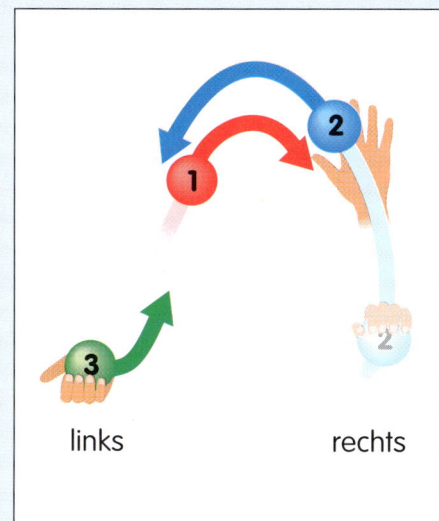

links   rechts

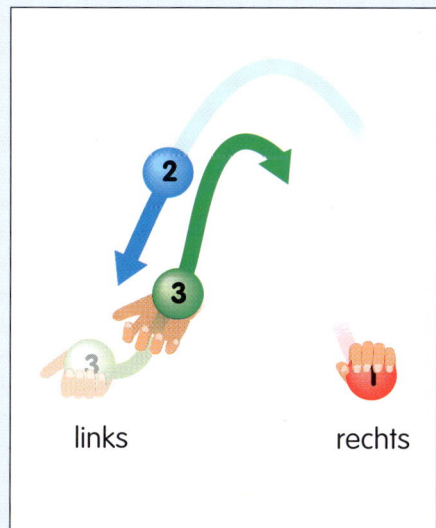

links   rechts

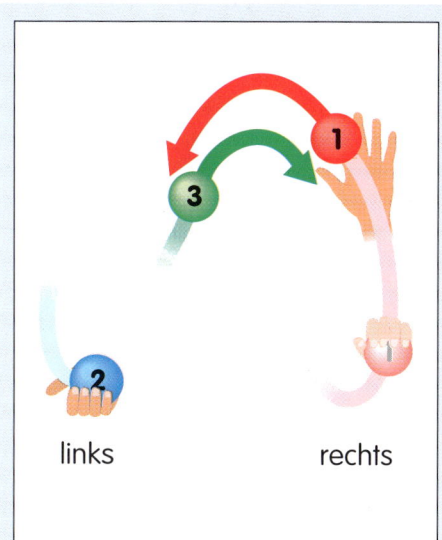

links   rechts

Üben Sie zunächst, nur mit rechts den Ball von oben zu fassen und außen herum abzuwerfen. Die andere Hand jongliert mit normalen Innenwürfen, wie in den Zeichnungen zu sehen ist

▲ **Schwierigkeit:**
Das Fangen ist viel unsicherer als bei der normalen Grundform, da der Ball nicht in die weit geöffnete Hand fällt, sondern von oben genau gefaßt werden muß. Ebenso ist der Abwurf mit dem Handrük-ken nach oben ungewohnt.

● **Übungsweg:**
Ähnlich wie beim Jonglieren mit Über-wurf.

■ **Fehler:**
Der Arm, mit dem gegriffen wird, liegt zu dicht am Körper an, und man fühlt sich beim Werfen und Fangen eingeengt.

■ **Tip:**
Der »Greifarm« muß leicht angewinkelt vom Körper weg nach vorne zeigen.

Exkurse mit zwei Bällen

Die Bälle werden kurz senkrecht angeworfen. Dann kreuzt man sofort die Unterarme und greift die Bälle wieder von oben

Zwischendurch sollten Sie ruhig auch mal Tricks mit nur zwei Bällen ausprobieren, zumal manche so viel Geschicklichkeit erfordern, daß man daraus auch Vorteile für das Drei-Ball-Jonglieren ziehen kann. Manche Varianten muß man auch unbedingt beherrschen, wenn man mit vier Bällen jonglieren lernen möchte.

Das Kreuzen

Bei diesem Zwei-Ball-Trick bewegen sich die Bälle kaum, statt dessen aber Ihre Arme. Wie bei der vorigen Übung werden die Bälle von oben gegriffen. Nehmen Sie in jede Hand einen Ball, der Handrücken zeigt nach oben. Die Arme sind im Ellbogengelenk gebeugt, die Hände werden in angenehmer Position – etwa in Hüfthöhe und 25 cm vom Körper entfernt – gehalten. Jetzt versuchen Sie, die Hände zu wechseln, ohne daß die Bälle ihre Position verändern. Dazu müssen Sie die Arme etwas anheben und dann blitzschnell kreuzen. Die Hände werden nicht gedreht, so daß Sie die Bälle wieder von oben greifen können. Werfen Sie die Bälle einige Zentimeter senkrecht in die Luft.

Einhändig jonglieren, Variante 1

Eine weitere Übung mit zwei Bällen, die Sie zwischendurch machen sollten, ist, zwei Bälle in einer Hand zu jonglieren. Nehmen Sie zwei Bälle in die rechte Hand, der Handrücken zeigt nach unten. Werfen Sie den vorderen Ball hoch. Wenn dieser Ball wieder herunterfällt, werfen Sie Ball 2 ab. Sie haben drei Möglichkeiten zu vermeiden, daß die Bälle gegeneinanderstoßen: Bei Variante 1 werfen Sie die Bälle in beinahe kreisförmigen Bögen, also immer rechts oder immer links neben den vorherigen. Die Hand muß sich zum Werfen und Fangen seitlich hin und her bewegen, ebenfalls in einer leichten Kreisform. Nachteilig wirkt sich bei dieser Version aus, daß der Oberarm nicht zur Stabilisierung am Oberkörper angelegt werden kann, so daß die Würfe unsicherer werden.
Üben Sie die Kreise rechts- und linksherum, und trainieren Sie mit beiden Händen. Besonders Ihre »schwächere« Wurfhand dürfen Sie nicht vernachlässigen, es zahlt sich später aus.

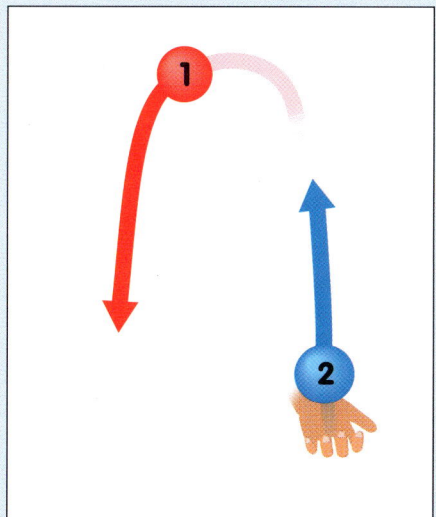

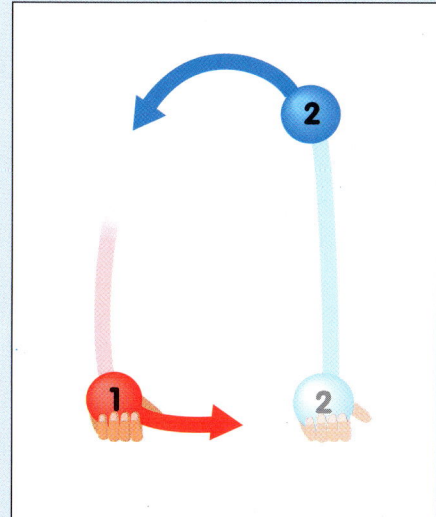

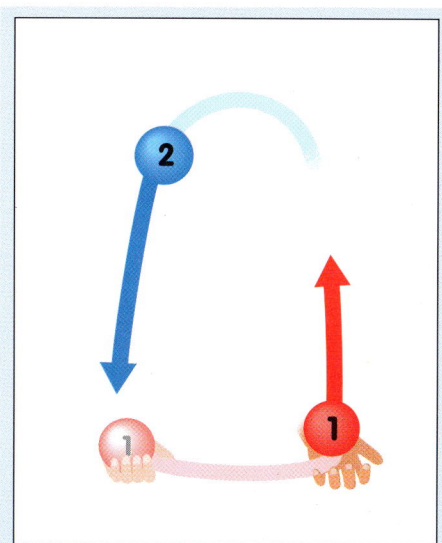

Für das einhändige Jonglieren nimmt man zwei Bälle in eine Hand, wirft Ball 1, schnell danach Ball 2 in einem schmalen Bogen hoch – in schneller Folge und immer gleich hoch

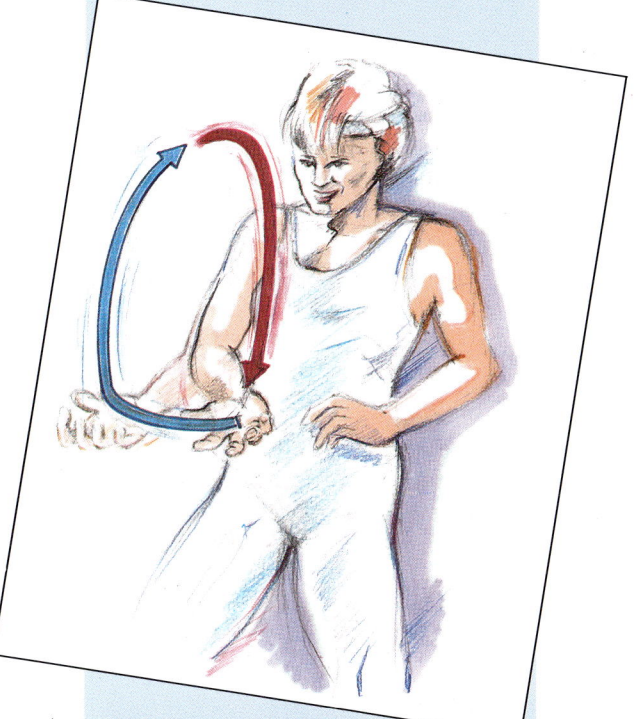

So etwa sieht die Flugkurve aus, wenn man die Bälle in einem seitlichen Bogen vor dem Körper hochwirft, hier von außen nach innen

BÄLLE

Einhändig jonglieren, Variante 2

Auch hier nehmen Sie in eine Hand zwei Bälle. Diesmal werfen Sie jedoch immer hinter den herabfallenden Ball, also mehr vom Körper weg. Da bei dieser Version der Abstand beider Bälle meistens sehr klein gerät, kann man ein Gegeneinanderstoßen der Bälle nicht vollständig ausschließen.

Einhändig jonglieren, Variante 3

Bei dieser Version werden beide Bälle senkrecht nebeneinander hochgeworfen. Der eine Ball steigt also immer links auf und ab, der andere immer rechts; es ergeben sich säulenförmige Flugbahnen. Diese Variation ist die Grundlage für den »Springbrunnen« im folgenden Kapitel.

Das Schema der beiden »Flugsäulen«, die Abfolge wird rechts gezeigt

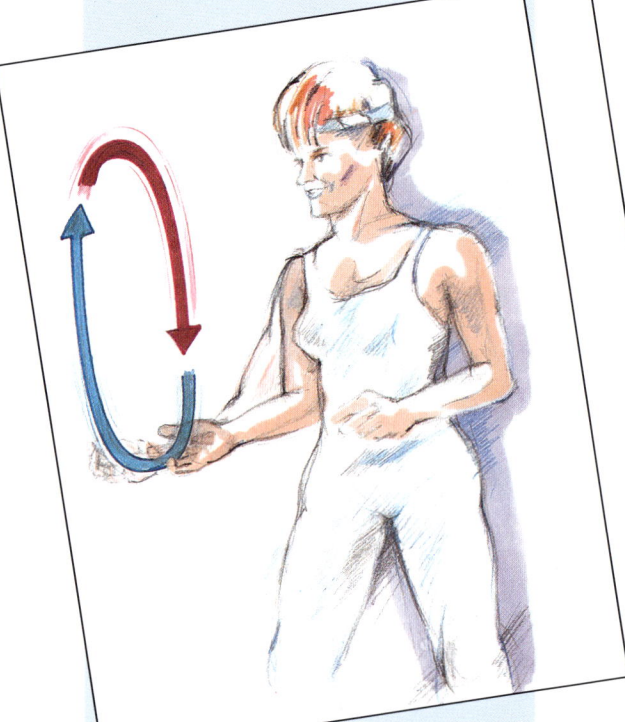

Hier zeigt die Flugkurve vom Körper weg nach vorne, der Arm bewegt sich vor und zurück

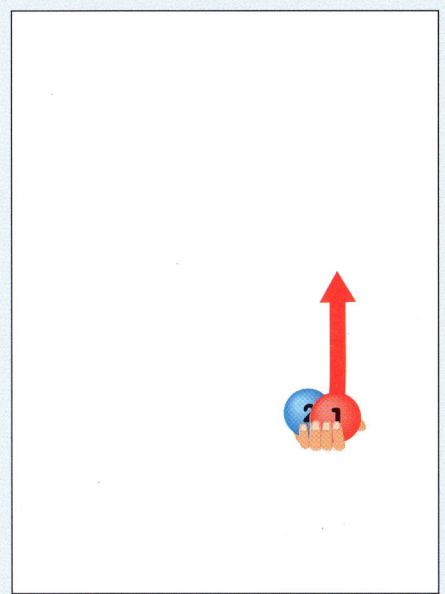

Jeder Ball fliegt hier in einer...

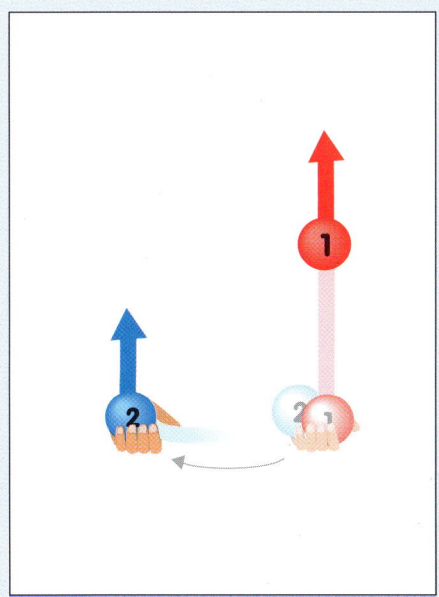

...eigenen »Flugsäule« senkrecht hoch

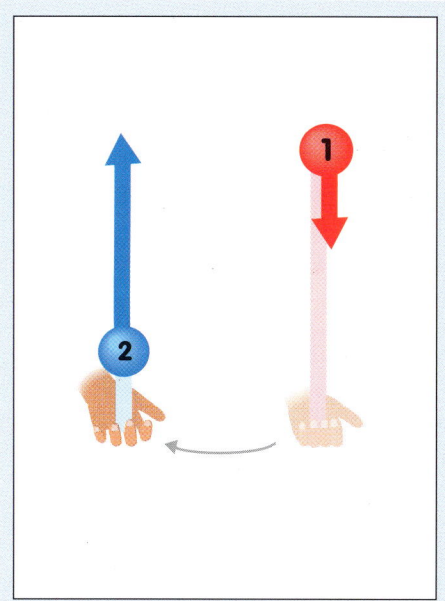

Ball 1 wird zum Beispiel immer rechts, ...

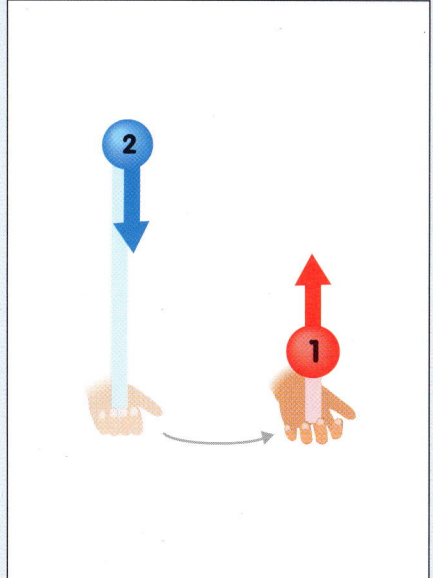

...Ball 2 immer nur links hochgeworfen,
und gefangen – und das in
schnellem Wechsel

Weitere Tricks
mit drei Bällen

Durch die vorher beschriebenen Zwei-Ball-Übungen hat sich Ihre Geschicklichkeit, Schnelligkeit und Koordination so weit verbessert, daß Sie sich an die folgenden Drei-Ball-Tricks wagen können. Teilweise jonglieren Sie dabei zwei Bälle in einer Hand.

Springbrunnen, Variante 1

Statt die Bälle wie bei der normalen Grundform immer von einer Hand in die andere zu werfen, können Sie diese auch einmal gerade senkrecht in die Luft werfen, so daß die Bälle in die gleiche Hand zurückfallen. Nehmen Sie in die linke Hand einen, in die rechte zwei Bälle. Werfen Sie einen der beiden senkrecht hoch. Wenn der Ball oben ist, werfen Sie mit links und rechts gleichzeitig die beiden anderen Bälle senkrecht parallel nach oben. Wenn sie oben sind, fangen Sie mit rechts Ball 1 und werfen ihn erneut senkrecht hoch: Das Spielchen beginnt von vorn.

Das gleiche können Sie natürlich auch mit links machen. Es werden in einer Hand immer zwei Bälle jongliert, in der anderen nur einer. Man kann aber auch zwischen den Händen wechseln.

Wer diese Übung beherrscht, sollte dann versuchen, aus dem fließenden Jonglieren in der normalen Grundform heraus in den Springbrunnen zu kommen.

▲ **Schwierigkeit:**
Es müssen zwei Bälle gleichzeitig gefangen oder geworfen werden, was ein gleichmäßiges Werfen voraussetzt. Der Übergang aus der oder in die normale Grundform kann daher Schwierigkeiten bereiten.

Es wird in drei »Flugsäulen« geworfen: Die linke Hand wirft hier nur einen Ball senkrecht hoch, die rechte jongliert zwei Bälle in doppeltem Tempo

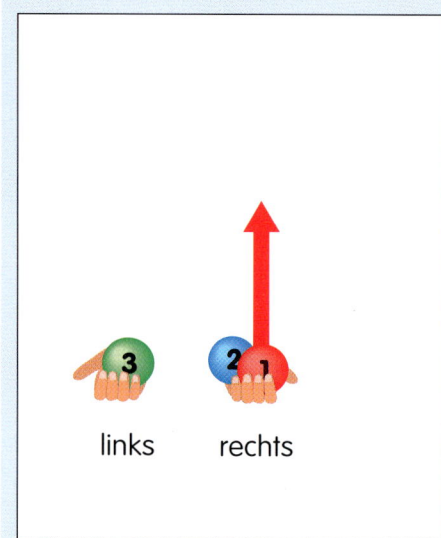

links   rechts

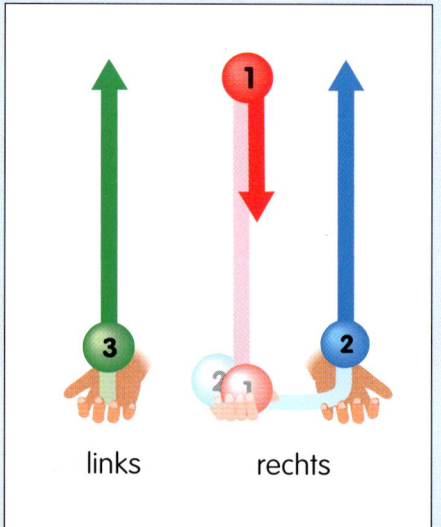

links   rechts

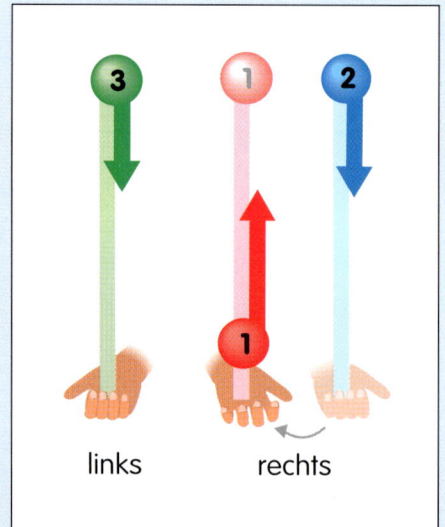

links   rechts

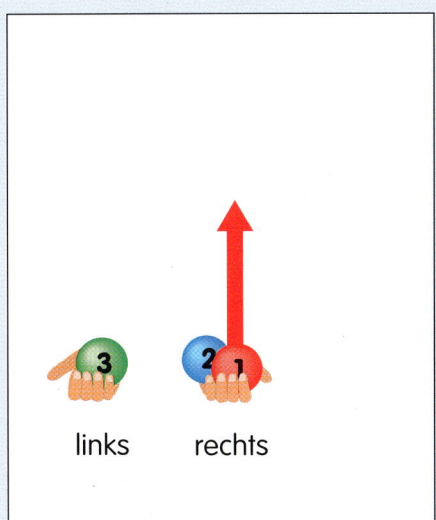

links   rechts

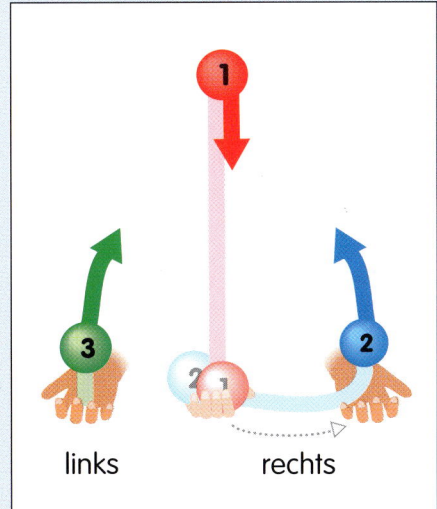

links   rechts

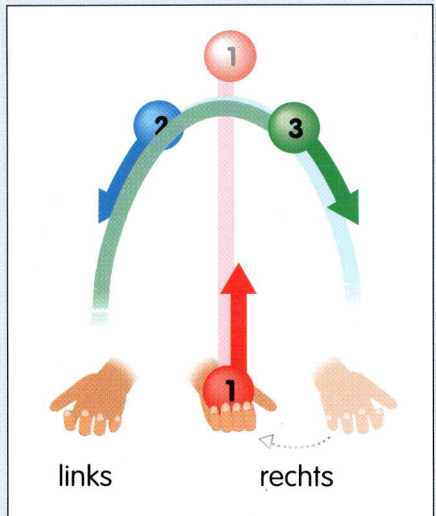

links   rechts

Springbrunnen, Variante 2

Wenn Sie die beiden Bälle, die gleichzeitig geworfen werden, nicht senkrecht parallel hoch, sondern über Kreuz werfen, so daß die Bälle die Hände wechseln, haben Sie eine zweite Form des »Springbrunnens«. Damit sich beide Bälle nicht in der Luft treffen, müssen Sie sie zwar gleich hoch, aber den zweiten Ball etwas hinter der Flugbahn des ersten Balles herwerfen.

▲ **Schwierigkeit:**
Wie bei Variante 1. Zusätzlich kann es zu Anfang noch passieren, daß sich beide Bälle in der Luft treffen, obwohl Sie versucht haben, Ball 2 immer hinter Ball 3 zu werfen.

Während der mittlere Ball senkrecht hochgeworfen wird, tauschen die äußeren beiden ihre Plätze. Auch hier jongliert die rechte Hand zwei Bälle, die linke Hand hat weniger zu tun, sie jongliert mit halbem Tempo

Flip

Auch beim »Flip« jonglieren Sie zwei Bälle in einer Hand. Dabei können Sie zwischen Variante 1 und 3 der Übung wählen, die im Anschluß an die Variationen der Grundform als »Exkurs« beschrieben ist. Es werden beide Bälle entweder kreisförmig oder parallel zueinander hochgeworfen.

Beginnen Sie in der normalen Grundform. Irgendwann werfen Sie mit rechts einen Ball senkrecht hoch, so daß er die Hand nicht wechselt. So müssen Sie mit rechts zwei Bälle in der oben beschriebenen Weise jonglieren. Der dritte Ball bleibt fest in der linken Hand und kann im Wurfrhythmus auf und ab bewegt werden – ein zusätzlicher Effekt für die Zuschauer. Am besten sieht es aus, wenn Sie den Ball so halten, daß die Zuschauer ihn gut sehen, nämlich mit der Handinnenseite nach vorne. Versuchen Sie, auch mit der linken Hand zwei Bälle sicher jonglieren zu lernen. Dies brauchen Sie später, wenn Sie mit vier Bällen arbeiten wollen.

▲ **Schwierigkeit:**
Wenn Sie zwei Bälle sicher in einer Hand jonglieren können, wird Ihnen der »Flip« keine Probleme bereiten. Üben Sie ihn auch ruhig separat, bevor Sie ihn aus der normalen Grundform heraus starten.

Eine Hand (hier die rechte) jongliert zwei Bälle in schnellem Wechsel, der 3. Ball wird von der anderen Hand nur auf- und abgeführt

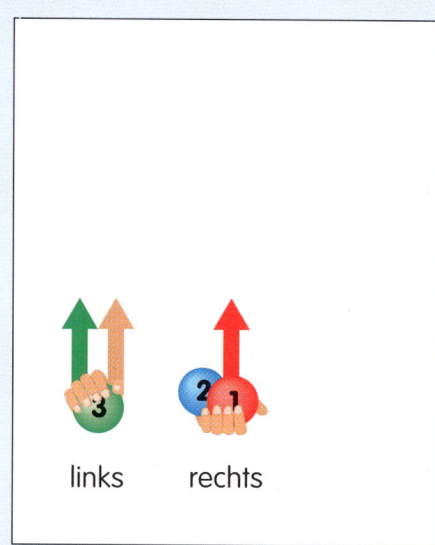

links   rechts

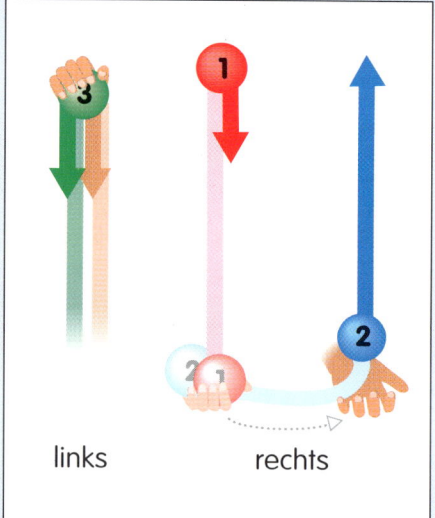

links   rechts

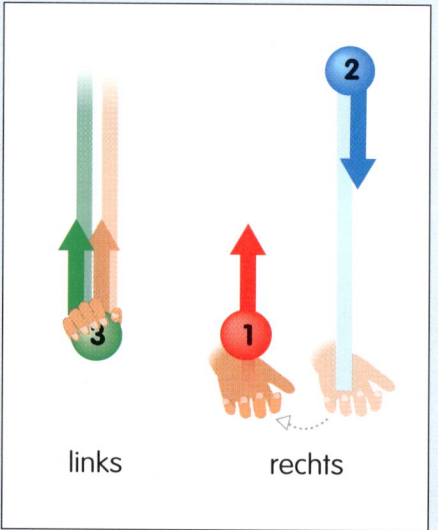

links   rechts

Veränderte Abwurfposition, Variante 1

Versuchen Sie doch einmal, während Sie in der normalen Grundform jonglieren, unter dem Oberarm durchzuwerfen. Dazu bewegt sich die rechte Wurfhand unter dem linken, waagerecht angehobenen Oberarm hindurch und wirft den Ball dort senkrecht in die Luft. Versuchen Sie diese Variation später auch mit der linken Hand unter dem rechten Oberarm. Dazu wird der Ball rechts außerhalb des rechten Oberarms hochgeworfen und mit der rechten Hand gefangen.

Damit Sie für die größere Bewegung der Hand zum Abwurfort genügend Zeit haben, können Sie den zuvor geworfenen Ball etwas höher als sonst werfen. Später, wenn Sie diese Variation sicher beherrschen, ist dies nicht mehr nötig. Wahrscheinlich werden sich die ersten Erfolgserlebnisse bei Ihnen schon nach nur wenigen Versuchen einstellen.

▲ **Schwierigkeit:**
Die Wurfhand hat einen weiteren Weg von der Fang- zur Abwurfposition zurückzulegen als bei der normalen Grundform.

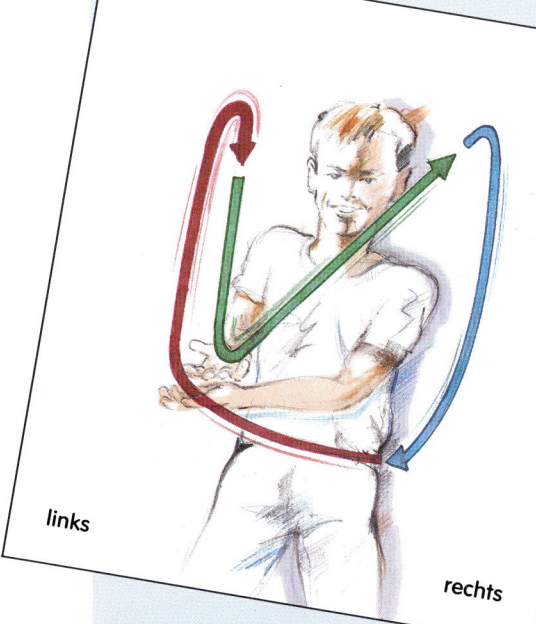

links

rechts

Ausgehend von der normalen Grundform kann man auch unter dem waagerecht vorgestreckten Arm her werfen

Veränderte Abwurfposition, Variante 2

Eine weitere, etwas schwerere Möglichkeit ist, unter dem Oberschenkel hindurchzuwerfen. Sie beginnen wieder in der normalen Grundform. Irgendwann werfen Sie mit links einen Ball besonders hoch. Während dieser Ball nach rechts unterwegs ist, heben Sie den linken Oberschenkel so weit wie möglich an. Zum Abwurf wird die rechte Hand unter dem linken Oberschenkel hindurchgeführt und der Ball links vom Oberschenkel senkrecht in die Luft geworfen. Es ist übrigens einfacher, das Bein etwas höher zu heben, als den Oberkörper weit nach unten zu beugen. Der unter dem Oberschenkel hergeworfene Ball wird mit der linken Hand gefangen, das Bein wird dabei wieder heruntergenommen.

▲ **Schwierigkeit:**
Wie bei Variante 1. Zusätzlich ist natürlich der Stand auf einem Bein, wenn das andere angehoben ist, etwas unsicherer als auf zwei Beinen.

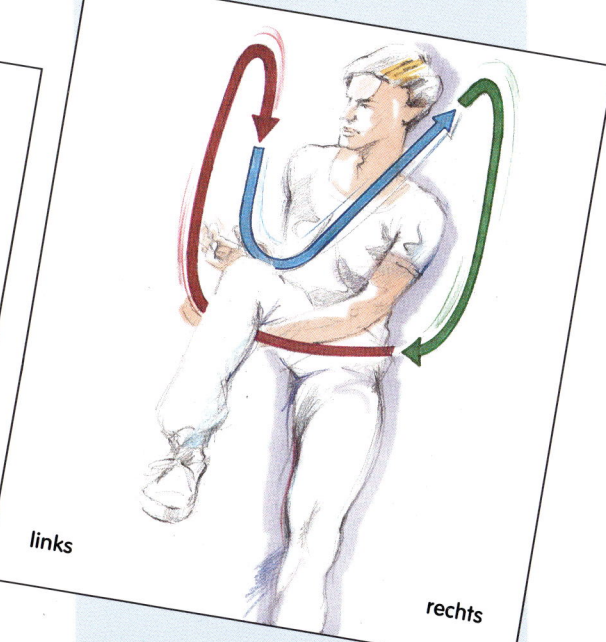

links

rechts

So etwa verläuft die Flugbahn beim Abwurf unter dem angehobenen, angewinkelten Bein her

35

Veränderte Abwurfposition, Variante 3

Am schwierigsten ist es, den Ball vom Rücken her nach vorne zu werfen. Dazu wird der herunterhängende Wurfarm gerade hinter den Rücken gebracht. Zum Abwurf bewegt sich die Hand dicht am Rücken entlang zum gegenüberliegenden Schulterblatt nach oben. Die rechte Hand wirft über die linke Schulter, mit links wird der Ball gefangen. Wirft man mit links, ist alles umgekehrt.

Mit den Fingern kann man den Ball etwas dirigieren, aber wesentlich für den Ballflug ist die Abwurfposition, das genaue Timing: Wird der Ball zu früh losgelassen, fliegt er weit nach rechts, wird er zu spät losgelassen, nach links. Auch hier muß der vorangegangene Ball in einem besonders hohen Bogen geworfen werden, damit man für die Bewegung der Hand von der Fang- zur Abwurfposition genügend Zeit hat.

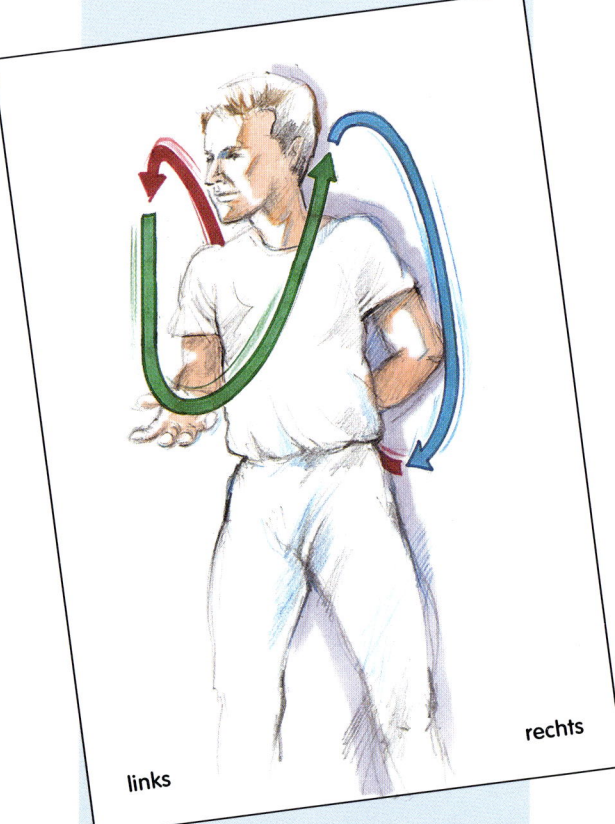

links   rechts

Der Abwurf hinter dem Rücken über die Schulter nach vorn ist eine schwierige Variante und muß gut geübt werden

Um den Abwurf hinter dem Rücken zu lernen, benötigt man erheblich mehr Zeit als für die Varianten 1 und 2. Einige Wochen müssen Sie schon einkalkulieren, bis Sie diese Version beherrschen. Zu Beginn werden Sie häufig zu weit nach vorne werfen. Versuchen Sie beim Abwurf etwas ins Hohlkreuz zu gehen, dann fällt Ihnen der Wurf hinter dem Rücken wahrscheinlich leichter.

▲ **Schwierigkeit:**
Wie bei Variante 1 und 2. Die größte Schwierigkeit bei dieser Variante ist der Wurf selbst. Wahrscheinlich bedarf es längeren Trainings, bis Sie hinter dem Rücken so nach vorne werfen können, daß der Ball in der Reichweite der linken Hand bleibt.

● **Übungsweg für alle drei Variationen:**
   - Üben Sie den veränderten Abwurf zunächst mit der rechten Hand und nur einem Ball, danach mit links.
   - Danach nehmen Sie zwei Bälle: Werfen Sie von links in einem hohen Bogen nach rechts und versuchen Sie nur mit dem zweiten Ball den veränderten Abwurf. Fangen Sie beide Bälle. Üben Sie diesen Schritt auch umgekehrt.
   - Bauen Sie den veränderten Abwurf so in die normale Grundform ein, daß Sie den Jonglierfluß nicht unterbrechen müssen.

Stop-over, Variante 1

Eine einfache und effektvolle Möglichkeit, das Publikum zu beeindrucken, sind Stop-over-Variationen. Die Grundidee ist folgende: Sie setzen einmal mit dem Werfen aus und halten somit für einen Moment alle drei Bälle fest – einen in der linken, zwei in der rechten Hand. Damit für die Zuschauer durch das einmalige Aussetzen des Wurfes dennoch keine störende Pause entsteht, werfen Sie mit links den Ball senkrecht in die Luft und fangen ihn wieder, nachdem Sie den zweiten Ball in der rechten Hand gefangen haben.

Die beiden Bälle aus der rechten Hand können in vielen Varianten wieder in Umlauf gebracht werden: Bei der Variante 1 drehen Sie den Handrücken der rechten Hand nach oben und werfen mit einer Drehung des lockeren Handge-

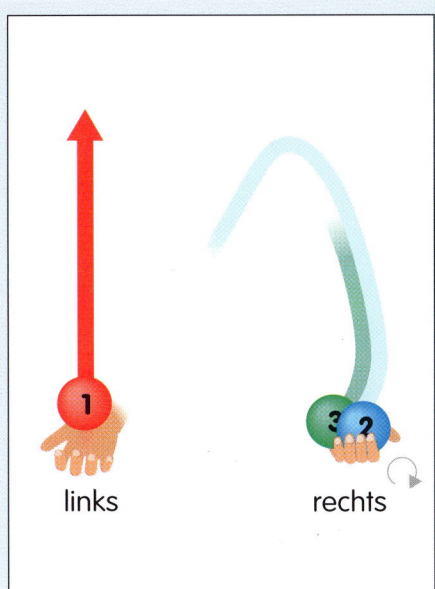

links   rechts

Während in der rechten Hand zwei Bälle liegen, wirft man den linken Ball einmal hoch, um keine Pause entstehen zu lassen

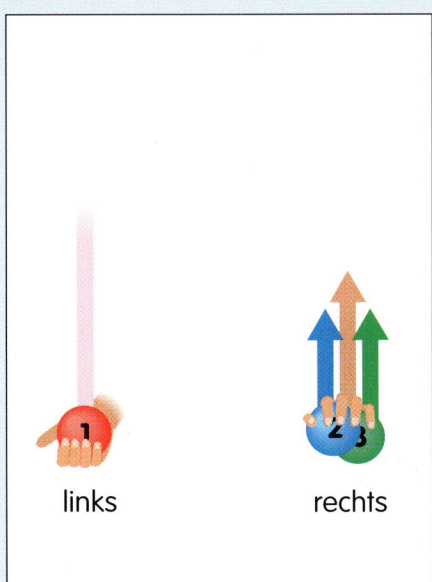

links   rechts

Die rechte Hand wird gedreht (Handrücken nach oben) und mit beiden Bällen nach oben geführt

lenks nach rechts beide Bälle gleichzeitig los. Durch diese Bewegung des Handgelenks soll der rechte Ball zur linken Hand und der Ball links zur rechten Hand fliegen. Da Sie ja links noch Ball 1 halten, müssen Sie diesen werfen, bevor Sie Ball 3 fangen. Es wird normal weiterjongliert.

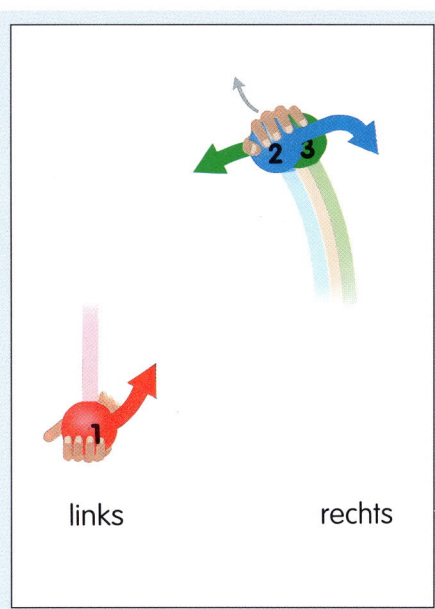

links   rechts

Mit einer Drehung des Handgelenks (Innenseite etwas nach oben) wirft man beide Bälle ab...

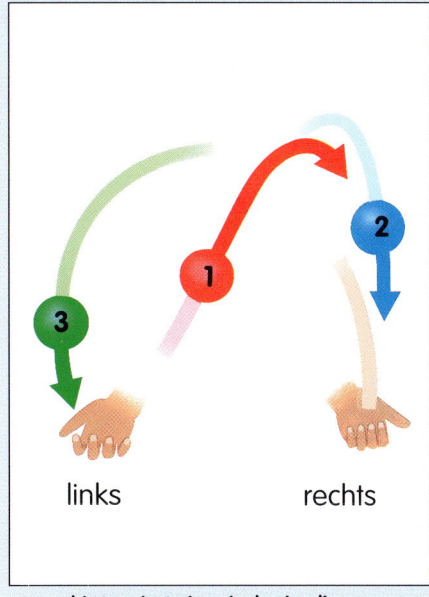

links   rechts

...und integriert sie wieder in die normale Grundform. Die rechte Hand kommt wieder nach unten

▲ **Schwierigkeit:**
Wahrscheinlich ist es für Sie zunächst ungewohnt, daß sich zwei Bälle gleichzeitig in der Luft befinden. Das macht die Sache unübersichtlich.

Stop-over, Variante 2

Auch bei dieser Version stoppen Sie das Jonglieren für einen Moment, so wie bei Variante 1 beschrieben. Der linke Ball wird einmal hochgeworfen. Dann drehen Sie den Handrücken der rechten Hand nach oben. Durch eine ruckartige Bewegung nach oben werfen Sie beide Bälle zugleich ein Stück senkrecht in die Luft. Aus einer Bewegung des rechten Unterarms heraus schlagen Sie mit der Hand von oben auf den rechten Ball und greifen ihn sofort. Die Handinnenfläche zeigt dabei nach unten. Fast gleichzeitig mit der Schlagbewegung wird der Ball aus der linken Hand nach rechts geworfen. Danach müssen Sie Ball 2 mit der linken Hand fangen. Es wird normal weiterjongliert.

Dies ist die schwerere der beiden Variationen, da die Gefahr besteht, daß bei der schnellen Schlagbewegung der Ball nicht richtig gegriffen werden kann. Je langsamer Sie auf den Ball schlagen, desto leichter fällt diese Übung, aber desto geringer ist auch der Effekt für das Publikum. Der Ablauf soll so wirken, als ob der Schlag auf Ball 3 den Flug von Ball 1 auslösen würde.

▲ **Schwierigkeit:**
Wie bei Variante 1. Zusätzlich muß das Fangen von Ball 3 durch die Schlagbewegung des rechten Arms von oben auf den Ball geübt werden. Es dauert eine Weile, bis Sie das Timing des Wurfes von Ball 1 auf die Schlagbewegung und das Fangen von Ball 3 abgestimmt haben.

Der Beginn hier ist wie bei der vorigen Variante. Beide Bälle der rechten Hand werden dann ein Stück hochgeworfen, den rechten Ball ergreift man ruckartig von oben, so daß es wie Schlagen wirkt. Dann jongliert man mit allen drei Bällen in der normalen Grundform weiter

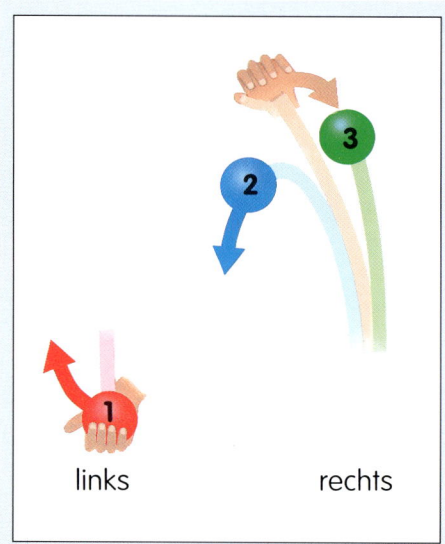

links   rechts

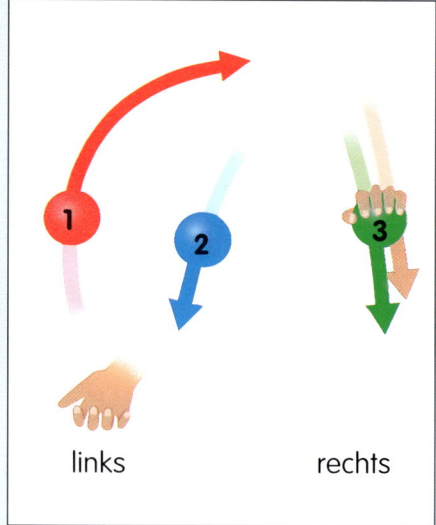

links   rechts

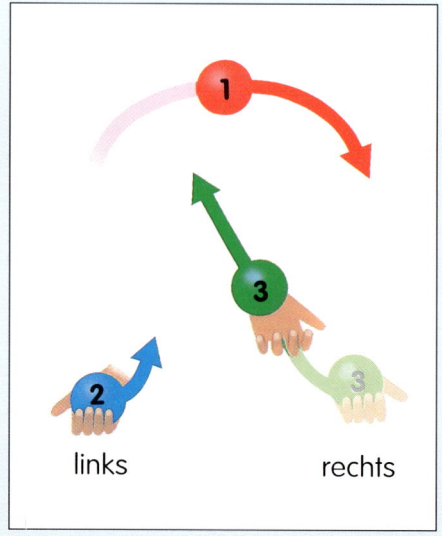

links   rechts

Ellbogen-Flip, Variante 1

Der »Ellbogen-Flip« ist ein sehr einfach zu erlernender Trick mit drei Bällen, bei dem die Ellbeuge, also die Innenseite des Ellbogengelenks, eingesetzt wird. Bei beiden Varianten beginnen Sie in der Grundform zu jonglieren.

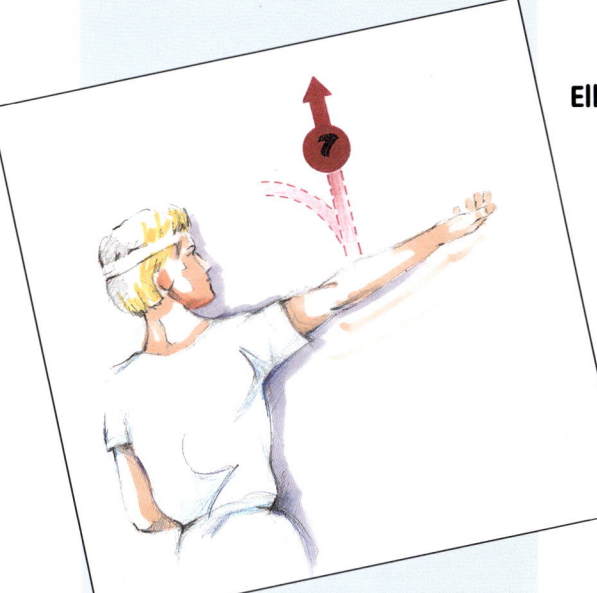

Kurz vor dem leicht gebeugten Ellbogengelenk läßt man den herabfallenden Ball auftreffen. Durch eine schnelle Armstreckung bringt man den Ball nach oben und baut ihn in die Grundform ein

Bei Variante 1 werfen Sie irgendwann den von links kommenden Ball in Richtung der Innenseite Ihres rechten Ellbogengelenks. Der rechte Arm ist leicht gebeugt und wird beim Auftreffen des Balles blitzartig gestreckt. Am günstigsten ist es, wenn der Ball etwas unterhalb der Ellbeuge auftrifft. Auch wenn Sie den Zeitpunkt für die Armstreckung nicht ganz richtig getroffen haben, fliegt der Ball in einem hohen Bogen in die Luft. In diesem Moment halten Sie ja in jeder Hand noch einen Ball. Sie müssen sich jetzt entscheiden, welchen davon Sie als nächstes werfen: Fliegt der »geflippte« Ball nach rechts, werfen Sie zuerst den Ball aus der rechten Hand los, damit Sie den ankommenden Ball fangen können. Fliegt er nach links, geht es mit dem Abwurf aus der linken Hand weiter.

▲ **Schwierigkeit:**
Normalerweise dürfte es bei dieser Variante keine Schwierigkeiten geben, da es egal ist, ob der »geflippte« Ball nach links oder rechts fliegt. Das zielgerichtete »Zurückflippen« bedarf allerdings einiger Übung.

Ellbogen-Flip, Variante 2

Anstatt den Ball wie bei Variante 1 direkt zurückzubefördern, können Sie ihn auch in der Ellbeuge festklemmen und ihn erst einige Würfe später zurück nach links befördern, indem Sie den Arm wieder strecken.
Auch bei dieser zweiten Variante macht es nichts aus, wenn der Ball statt nach links nach rechts fliegt. Dann werfen Sie einfach den Ball aus Ihrer rechten Hand los, damit Sie sie für den ankommenden Ball frei haben.
Das Festklemmen ist übrigens am einfachsten, wenn man mit nicht ganz prall gefüllten Säckchen jongliert oder die Arme nackt sind.

▲ **Schwierigkeit:**
Das einzige Problem bei dieser Variante ist das Festklemmen des Balles in der Ellbeuge.

● **Übungsweg (für Variante 1 und 2):**
- Üben Sie das »Flippen« und das Festklemmen zunächst separat: Werfen Sie mit der linken Hand einen Ball nach rechts, den Sie dann »zurückflippen« oder aber in der Ellbeuge festklemmen.
- Nehmen Sie in jede Hand einen Ball. Den dritten halten Sie in der Ellbeuge festgeklemmt. Strecken Sie den Arm, so daß der Ball nach oben in die Luft fliegt. Wahlweise werfen Sie den Ball aus der linken oder der rechten Hand los, je nachdem, wo der noch in der Luft befindliche Ball gefangen werden soll.
- Bauen Sie erst dann den »Ellbogen-Flip« in die normale Grundform ein, wenn Sie die Varianten einzeln beherrschen.

Oberschenkel-Kick

Statt den Arm mit der Ellbeuge beim Jonglieren einzusetzen, können Sie auch einen Ball mit dem Oberschenkel zurückspielen. Dazu müssen Sie das Bein so weit anheben, daß der Oberschenkel ungefähr waagerecht nach vorne zeigt. Der Ball sollte dicht am Knie auftreffen. Es spielt keine Rolle, welches Bein Sie dabei verwenden. Auch die Hand, in die Sie den Ball mit dem Oberschenkel kicken, können Sie frei wählen. Sie verfahren dabei nach der gleichen Methode wie beim »Ellbogen-Flip«: Fliegt der Ball nach links, werfen Sie mit der linken Hand weiter und umgekehrt. Fußballspezialisten schaffen es sicherlich, einen Ball mehrmals zwischen beiden Oberschenkeln hin- und herzubefördern, ehe sie mit den Händen weiterarbeiten.

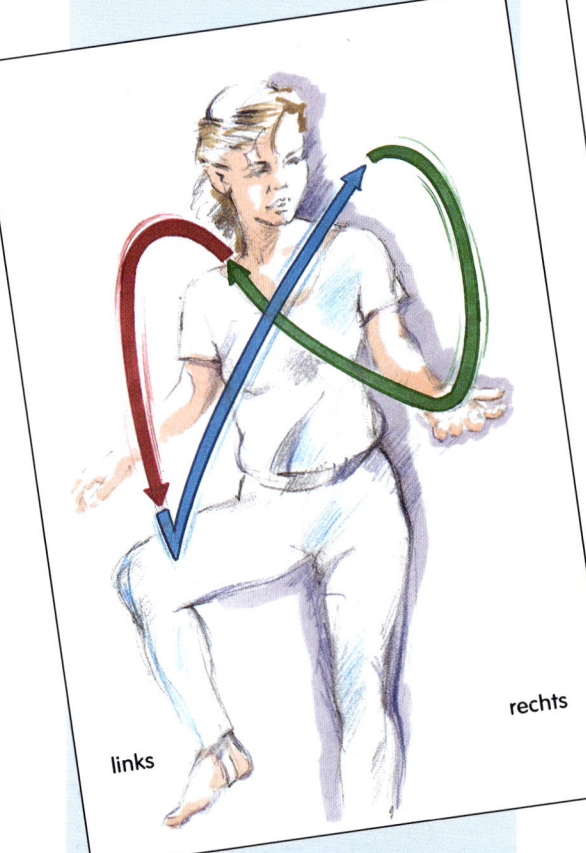

Je nach der Flugrichtung, die der hochgekickte Ball »wählt«, jongliert man ihn mit rechts oder links weiter. Die Zeichnungen zeigen die Flugkurven bei beiden Varianten

▲ **Schwierigkeit:**
Wenn der Ball zu weit vorne, also auf der Kniescheibe auftrifft, springt er nach vorne weg. Wenn Sie aber den richtigen Punkt erwischen, dürfte Ihnen dieser Trick keine Schwierigkeiten bereiten.

● **Übungsweg:**
– Üben Sie zunächst das Kicken des Balles mit dem Oberschenkel separat, indem Sie von links einen Ball anwerfen.
– Bauen Sie danach den »Oberschenkel-Kick« in die Grundform ein.

Kopf-Stop

Der »Kopf-Stop« ist ein etwas schwierigerer Trick, bei dem der Ball mit der rechten Hand kurz auf den Kopf gelegt wird. Sie beginnen in der normalen Grundform. Irgendwann werfen Sie mit links einen Ball besonders hoch. Dadurch haben Sie genügend Zeit, den Ball aus der rechten Hand auf den Kopf zu legen. Während Sie den mit links sehr hoch geworfenen Ball 1 in der rechten Hand fangen, nicken Sie leicht mit dem Kopf zur Seite, damit Ball 2 nach links herunterrollt. Bevor Sie ihn fangen können, müssen Sie natürlich den in der linken Hand befindlichen Ball 3 vorher nach rechts abwerfen. Weiter geht es in der normalen Grundform.

Am einfachsten ist es, wenn Sie mit eckigen Säckchen üben, denn sie rollen nicht vom Kopf herunter, bevor es soweit ist. Der Ablauf »Ball auf den Kopf legen und herunterrollen lassen« ersetzt praktisch einen ganz normalen Wurf.

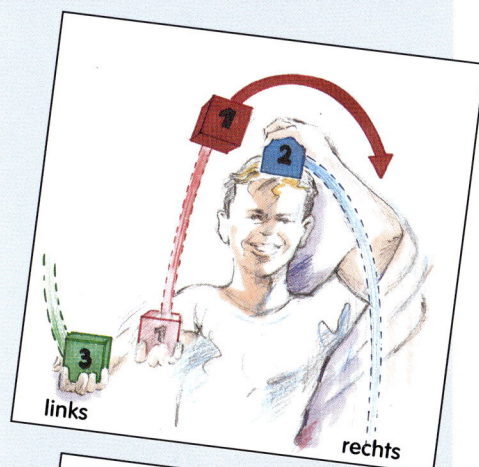

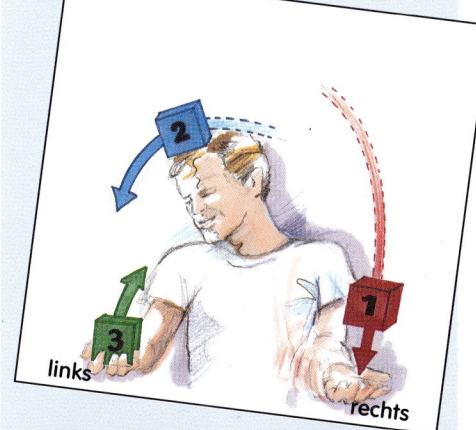

▲ **Schwierigkeit:**
Der Ball, den Sie auf den Kopf gelegt haben, muß genau im richtigen Moment wieder herunterfallen. Das können Sie durch leichtes Kopfneigen zur Seite beeinflussen. Man darf nicht vergessen, daß die rechte Hand einen sehr weiten Weg von der Fangposition zum Kopf zurücklegen muß. Um Zeit dafür zu haben, muß der Ball davor in einem besonders hohen Bogen geworfen werden.

● **Übungsweg:**
Wenn Sie die anderen Tricks mit drei Bällen schon probiert haben, die vorher beschrieben sind, können Sie eigentlich direkt versuchen, den »Kopf-Stop« in die Grundform einzubauen. Ansonsten können Sie beim Lernen ähnlich vorgehen, wie beim »Ellbogen-Flip« beschrieben: Anstatt den Ball zu »flippen« oder festzuklemmen, legen Sie ihn einfach auf den Kopf. Üben Sie diesen Vorgang zunächst wieder separat, bevor er in die Grundform integriert wird.

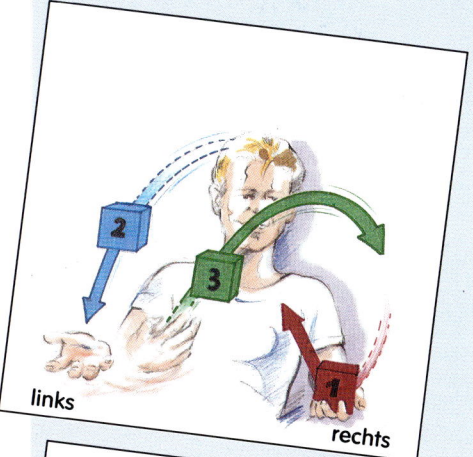

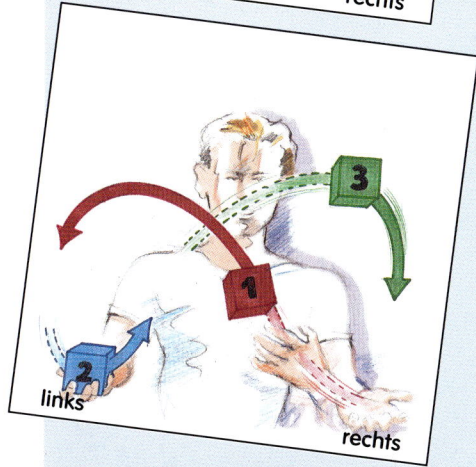

Während ein Jongliersäckchen von links besonders hoch fliegt, legen Sie mit rechts eines auf den Kopf. Während es durch ein seitliches Kopfnicken nach links fällt, machen Sie diese Hand frei und jonglieren danach fließend in der normalen Grundform weiter

Eat-me

Nicht nur Ihren Kopf, sondern auch den Mund können Sie als Zwischenstation beim Jonglieren einsetzen: Mit der rechten Hand bringen Sie den Ball dorthin, mit der linken holen Sie ihn wieder weg. Große Bälle halten am Mund, wenn Sie diese auf die Lippen setzen und ansaugen. Dafür dürfen die Bälle aber nicht zu schwer sein, und sie sollten eine glatte Oberfläche haben. Tomaten, kleinere Äpfel und Bälle können problemlos mit Lippen und Zähnen gehalten werden. Ganz kleine Bälle können Sie sogar ganz im Mund verschwinden lassen und wieder ausspucken.

Eßbare Jonglierrequisiten wie Obst oder Gemüse eignen sich für einen Trick, den Sie vielleicht schon im Fernsehen gesehen haben: Jedesmal, wenn Sie das Obst oder Gemüse in den Mund stecken, beißen Sie ein Stückchen davon ab, bis nichts mehr übrig ist.

Tomaten erlauben noch einen ganz besonderen Effekt: Sehr witzig wirkt es, wenn Sie zum Abschluß Ihrer Jongliernummer fest auf eine Tomate beißen, die Sie gerade im Mund haben. Dann spritzen nämlich Saft und Kerne durch die Gegend. Diese Variante eignet sich besonders für eine Clown-Nummer.

▲ **Schwierigkeit:**
Wie beim »Kopf-Stop«. Zusätzlich kann es zunächst Probleme bereiten, den jeweiligen Ball am Mund zu halten. Beginnen Sie besser mit kleineren Bällen.

● **Übungsweg:**
– Probieren Sie zu Beginn aus, ob Sie den Ball mit Zähnen und Lippen oder durch Ansaugen am Mund halten können.
– Üben Sie zunächst mit zwei Bällen. Nehmen Sie in jede Hand einen Ball: Zuerst werfen Sie mit links in einem besonders hohen Bogen nach rechts, um etwas mehr Zeit zu gewinnen. Während dieser Ball in der Luft ist, führen Sie die rechte Hand mit dem zweiten Ball zum Mund und lassen ihn dort. Sofort danach müssen Sie den zu Beginn losgeworfenen Ball mit der gleichen, also rechten Hand fangen.
– Wenn Ihnen das gelingt, können Sie versuchen, den »Eat-me« in die normale Grundform einzubauen.

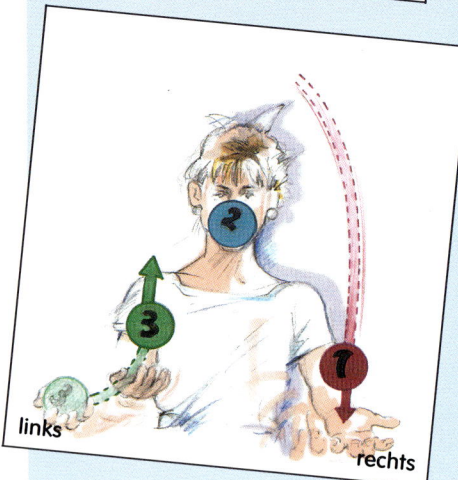

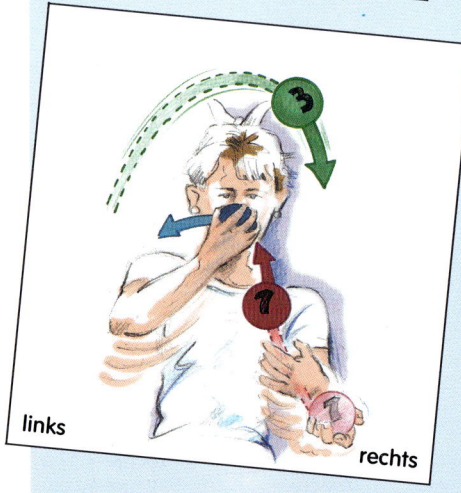

Hier legt man den Ball (Apfel) nicht auf den Kopf, sondern hält ihn einen Moment am Mund fest. Sobald die andere Hand frei ist, holt sie den Ball wieder heraus

links rechts

Flyer

Der »Flyer« ist neben der im nächsten Abschnitt beschriebenen Kaskade der schwierigste Trick mit drei Bällen, der in diesem Buch erklärt wird. Sie beginnen auch hier in der normalen Grundform. Irgendwann versuchen Sie, einen Ball im Nacken zu fangen. Dazu werfen Sie mit links oder rechts einen Ball, nicht allzu hoch, senkrecht in der Mitte vor Ihrem Körper in die Luft. Stellen Sie sich vor, daß der Ball von der Stirn über den Hinterkopf in den Nacken rollen soll, dann wird der Abwurf und Ihre Konzentration besser.

links

rechts

links

rechts

Der Ball wird im Nacken bei seitlich ausgestreckten Armen gefangen. Den herabrollenden Ball fängt man mit der rechten Hand wieder auf und jongliert aufrecht in der Grundform weiter

Damit der Ball aber nicht hart abprallt, müssen Sie Ihren Oberkörper im gleichen Tempo, mit dem der Ball fällt, nach unten bewegen, bis der Oberkörper waagerecht ist. Dadurch können Sie den Ball weich im Nacken abfangen. Um dort eine kleine Mulde zu bilden, damit der Ball nicht wegrollt, müssen Sie die Arme so weit wie möglich zur Seite und nach oben strecken.

Mit gefüllten Tennisbällen oder Jongliersäckchen fällt das Fangen natürlich leichter, als mit ungefüllten Tennis- oder Vollgummibällen, die sehr schnell vom Körper wegspringen, wenn die Bewegung des Oberkörpers nicht genau mit dem Fall des Balles übereinstimmt. Wenn Sie den Ball im Nacken fangen wollen, dürfen Sie kein Hemd oder keinen Pullover mit Kragen tragen. Je dünner die Oberbekleidung ist, desto besser bleibt der Ball im Nacken liegen. Der Gesamtablauf des »Flyers« sieht folgendermaßen aus:

Nachdem Sie einen Ball im Nacken gefangen haben, halten Sie Ball 2 in der linken und Ball 3 in der rechten Hand. Während Sie sich langsam aufrichten, werfen Sie Ball 3 nach links und greifen sofort danach mit der gleichen Hand von unten hinter den Rücken, um den aus dem Nacken den Rücken herabrollenden Ball zu fangen. Es wird normal weiterjongliert.

▲ **Schwierigkeit:**
Der »Flyer« enthält zwei Schwierigkeiten. Die erste ist das Fangen des Balles im Nacken und die zweite das Erwischen des beim Aufrichten aus dem Nacken den Rücken herunterrollenden Balles, da man diesen hinter dem Rücken ja nicht sehen kann.

● **Übungsweg:**
- Üben Sie zuerst separat, einen Ball im Nacken zu fangen.
- Als nächstes versuchen Sie, den vom Nacken herabrollenden Ball hinter dem Rücken zu erwischen. Um dies zu üben, können Sie ruhig den Ball in den Nacken legen, anstatt ihn aus der Luft heraus zu fangen.
- Wenn Sie beide Übungen sicher beherrschen, können Sie den »Flyer« aus der Grundform heraus versuchen.

Kaskade mit drei Bällen

Die Kaskade, die auch Kranz oder Dusche genannt wird, kennen Sie ja schon aus dem Abschnitt »Exkurse mit zwei Bällen«. Sie können die Kaskade aber auch mit drei oder mehr Bällen probieren. Der Ablauf ist der gleiche wie bei der »Zwei-Ball-Kaskade«: Mit der rechten Hand wird immer geworfen, mit der linken der gefangene Ball sofort wieder in die rechte Hand übergeben. Wenn Sie die Kaskade mit drei Bällen probieren wollen, nehmen Sie Ball 1 und 2 in die rechte, Ball 3 in die linke Hand. Nacheinander müssen Sie Ball 1 und 2 hoch und in einem leichten Bogen nach links in die Luft werfen. Sofort nachdem Sie Ball 2 losgeworfen haben, übergeben Sie mit der linken Hand Ball 3 in die rechte Hand. (Wenn Sie beide Hände beim Übergeben ganz dicht zusammenbringen, sparen Sie viel Zeit.) Ball 1 wird gefangen und Ball 3 hochgeworfen. Alle Bälle bewegen sich somit auf einer Kreisbahn.

▲ **Schwierigkeit:**
Es müssen zwei Bälle gleichzeitig in der Luft sein. Damit dafür genügend Zeit bleibt, muß sehr hoch geworfen werden. Deshalb werden die Würfe ungenauer. Das Übergeben der Bälle, das sehr ungewohnt ist, muß sehr schnell geschehen, damit beide Hände in Ruhe fangen und werfen können.

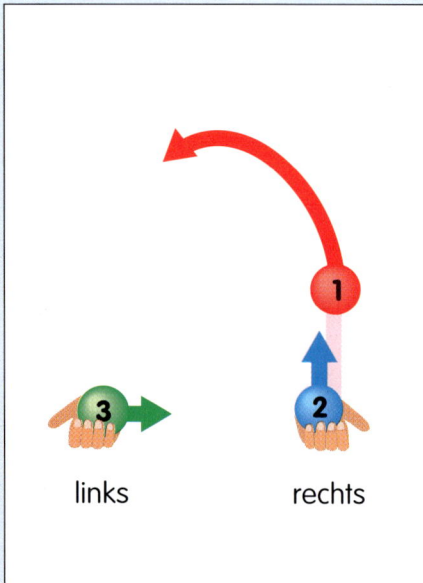

Mit rechts wirft man den ersten, sofort danach den zweiten Ball ab

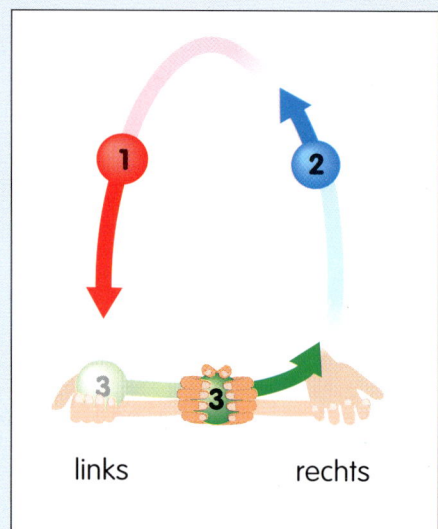

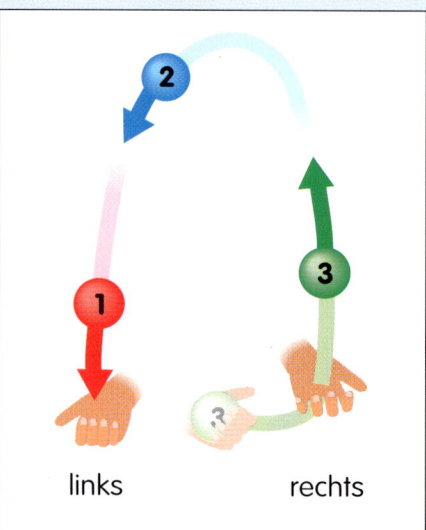

Der dritte wird schnell übergeben und ebenfalls im Bogen hochgeworfen und so weiter. Nur die rechte Hand wirft also, die linke fängt und übergibt die Bälle

● **Übungsweg:**
- Nehmen Sie zwei Bälle in die rechte Hand und versuchen Sie, diese ziemlich hoch und so schnell hintereinander wie möglich abzuwerfen.
- Zusätzlich zu den beiden Bällen in der rechten Hand halten Sie Ball 3 in der linken Hand. Versuchen Sie jetzt, auch noch Ball 3 hochzuwerfen, nachdem Sie ihn in die rechte Hand übergeben haben.
- Steigern Sie die Anzahl der gelungenen Abwürfe, bis Sie die Kaskade mit drei Bällen sicher beherrschen.

Tricks erfinden

Alle Tricks und Variationen mit drei Bällen, die ich beschrieben habe, sollen nur eine Anregung für Sie sein. Lassen Sie Ihrer Phantasie freien Lauf und erfinden Sie eigene Tricks, denn es gibt mehr, als Sie denken! Hierbei können Ihnen folgende Fragen hilfreich sein:
- Von wo kann ich noch abwerfen?
- Welche Körperteile kann ich noch einsetzen?
- Wohin kann ich werfen?
- Wie kann ich meine Umgebung mit einbeziehen?
- In welcher Körperposition kann ich jonglieren?
- Mit welchen Gegenständen kann ich noch jonglieren?
- Welche Eigenschaften haben diese Gegenstände? Wie kann ich sie für eine Variation nutzen?

Kombinieren Sie verschiedene Abänderungen der Grundform miteinander oder täuschen Sie Würfe nur an, anstatt wirklich zu werfen. Werden Sie kreativ. Mit der Sicherheit beim Jonglieren wächst im allgemeinen auch der Einfallsreichtum. Der Vielfalt sind jedenfalls keine Grenzen gesetzt. Es gibt Tausende von Tricks und Variationen, mit denen Sie ein interessantes Programm gestalten können.

Jonglieren mit Partner

Wenn Sie die Grundform mit drei Bällen einigermaßen flüssig beherrschen und noch jemanden gefunden haben, der ebenfalls etwas jonglieren kann, sollten Sie sich zusammentun und Tricks zu zweit ausprobieren. Sie können mit drei, aber genauso gut mit sechs Bällen probieren. Einige Möglichkeiten stellen wir Ihnen hier vor. Natürlich sind noch sehr viele andere Tricks und Variationen denkbar. Sie können ebenso mit Ringen und Keulen zu zweit, zu dritt oder in der Gruppe jonglieren. Wer weitere Anregungen hierzu haben möchte, dem sei das Buch von Nikolai Ernestowitsch Baumann (siehe Literaturliste) empfohlen, das Sie sich allerdings nur über die Fernleihe Ihrer Bibliothek beschaffen können, da es im Buchhandel vergriffen ist. Es enthält unter anderem Nummern mit bis zu sechs Akteuren.

Siamesische Zwillinge

Zwei Jongleure stellen sich Schulter an Schulter nebeneinander. Die inneren Arme können jeweils um den Partner gelegt werden. Es sind insgesamt drei Bälle im Spiel. Die rechte Person wirft nur mit rechts, die linke nur mit links. Wer zwei Bälle in der Hand hat, beginnt. Beide jonglieren zusammen wie eine Person alleine. Man kann in der Grundform (siehe Seite 22) beginnen und sich dann an andere Varianten heranwagen. Nach einiger Zeit wechseln Sie die Positionen, so daß derjenige, der nur mit rechts geworfen hat, jetzt die linke Hand einsetzt.

Auch zu zweit kann man mit drei Bällen in der Grundform jonglieren

▲ **Schwierigkeit:**
Beide Jongleure müssen ungefähr gleich hoch werfen, damit der Wurfrhythmus nicht gestört wird. Vielleicht hilft auch lautes Zählen oder eine passende Musik.

Grundform mit Partner

Diesmal steht Ihr Partner Ihnen gegenüber, außerdem hat nun jeder drei Bälle in seinen Händen. Beginnen Sie gleichzeitig und mit der gleichen Hand zu jonglieren, jeder für sich. Sie können dabei die normale Grundform oder die Grundform mit Überwürfen wählen. Wichtig ist, daß beide Jongleure den gleichen Rhythmus finden. Auf Kommando eines Partners wirft jeder der beiden Jongleure den Ball aus seiner rechten Hand zur linken Hand des Partners, anstatt in die eigene linke Hand, dann wird normal weiterjongliert. Wenn Sie Musik laufen lassen, während Sie jonglieren, können Sie und Ihr Partner sich beim Wurf am Rhythmus der Musik orientieren. So haben Sie es einfacher, die Bewegungsabläufe zu koordinieren. Wenn Sie jeden Wurf aus der rechten Hand hinüber zum Partner schicken, ergibt sich ein anderes Bild, wie die zweite Abbildung zeigt.

▲ **Schwierigkeit:**
Der Wurfrhythmus beider Akteure muß genau übereinstimmen.

Kaskade zu zweit

Genauso wie die Grundform läßt sich auch die Kaskade mit Partner ausführen: Zwei Jongleure stellen sich nebeneinander, ungefähr 60 Zentimeter voneinander entfernt. Jeder hält in jeder Hand einen Ball, so daß insgesamt vier Bälle im Gebrauch sind. Beide beginnen mit rechts zu jonglieren: Der rechts stehende Jongleur wirft seinen Ball in hohem Bogen in die linke Hand seines Partners, der links stehende Jongleur in einem kurzen, flachen Bogen zurück zum Partner. Beide übergeben die gefangenen Bälle jeweils von der linken in die rechte Hand. Wechseln Sie auch mal die Flugrichtung der Bälle, und tauschen Sie ab und zu Ihre Position. Wenn Sie darin sicher sind, können Sie die »Kaskade zu zweit« auch mit fünf oder sogar sechs Bällen versuchen.

▲ **Schwierigkeit:**
Die Kaskade mit vier Bällen müßte Ihnen eigentlich auf Anhieb gelingen. Bei fünf oder sechs Bällen muß sehr hoch, schnell und genau geworfen und zügig in die andere Hand übergeben werden.

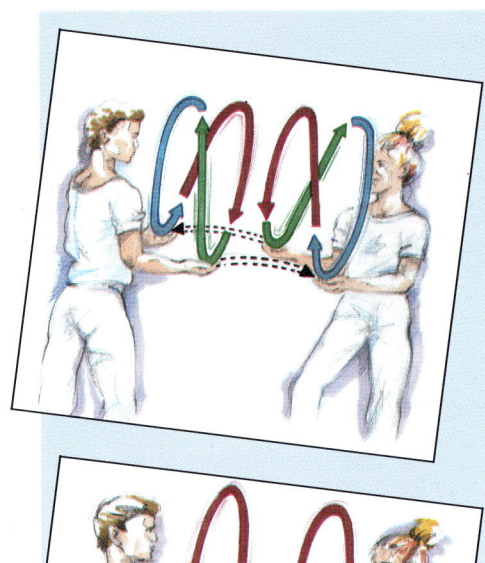

Mit sechs Bällen:
Beide Partner jonglieren in der Grundform und tauschen ab und zu auf Kommando zwei Bälle aus (oben).
Man kann auch jedesmal wechseln (unten)

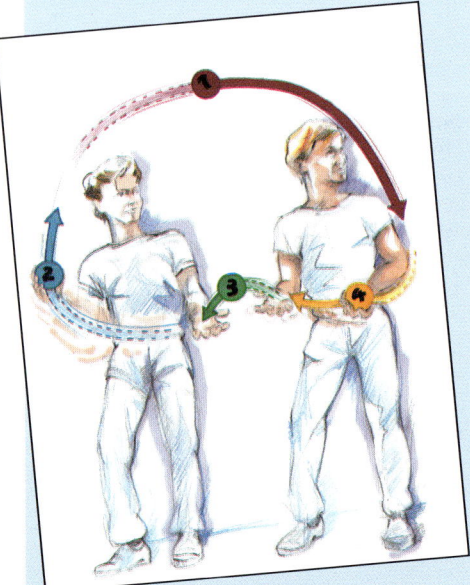

Jonglieren mit vier Bällen:
eine Kaskade zu zweit

Wegnehmen

Dies ist eine Variation mit Partner, die etwas schwieriger ist als die zuvor beschriebenen. Wahrscheinlich gelingt sie Ihnen nicht auf Anhieb. Zum »Wegnehmen« stellen sich zwei Jongleure gegenüber. Einer von beiden (A) jongliert die Grundform mit drei Bällen. Am besten wählt er dabei die Variante mit Überwürfen, es geht aber auch mit normalen Innenwürfen (siehe Seite 22). Der Partner ohne Bälle (B) greift sich irgendwann einen von links nach rechts geworfenen Ball seines Gegenübers heraus. Dazu führt er seine rechte Hand in die Mitte und bewegt diese in einer horizontalen Bewegung und mit der Innenfläche nach rechts gedreht von der Mitte aus nach rechts außen. Dabei ergreift er den Ball wie mit einem Haken, der Ellbogen kommt dabei nach oben. In der Zwischenzeit hat der jonglierende Partner, der sich nicht durch das Wegnehmen aus dem Rhythmus bringen lassen darf, den nächsten Ball von rechts nach links geworfen. Diesen greift sich der wegnehmende Partner wieder in der oben beschriebenen Weise, jetzt aber mit der linken Hand. Er hat dann links und rechts je einen Ball.

Jongleur A hat inzwischen weiterjongliert und Ball 3 losgeworfen. Diesen Ball betrachtet Jongleur B als seinen eigenen Ball 3 und jongliert mit diesem normal weiter. Da Ball 3 auf die linke Hand von Jongleur B zufliegt, muß er natürlich Ball 2, der sich noch links befindet, abwerfen, bevor er Ball 3 fängt.

▲ **Schwierigkeit:**
Der beginnende Partner muß immer im gleichen Rhythmus weiterjonglieren, obwohl ihm schon Bälle fehlen. Außerdem ist das Wegnehmen der Bälle durch Jongleur B etwas ungewohnt, da die Bälle in einer horizontalen Bewegung zur Seite gegriffen werden müssen und nicht von alleine in die Hand fallen. Das erfordert eine höhere Konzentration.

● **Übungsweg:**
– Üben Sie zunächst das Wegnehmen nur eines Balles, wenn Ihr Partner die Grundform jongliert. Sie sollten das mit beiden Händen sicher beherrschen.
– Der Partner, der zu jonglieren beginnt, muß die Grundform wie im Schlaf

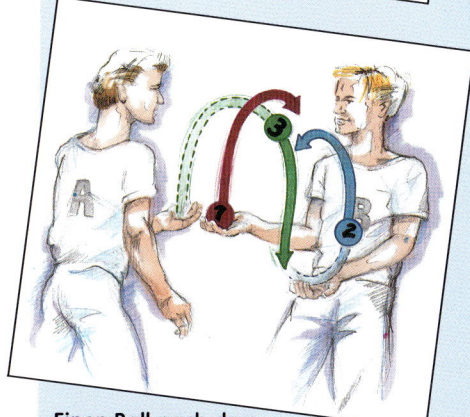

Einen Ball nach dem anderen greift Jongleur B aus der Grundform heraus

ausführen können, damit er nicht durcheinandergerät, wenn ihm plötzlich Bälle fehlen.
– Erst wenn beides reibungslos klappt, können Sie das Wegnehmen aller drei Bälle versuchen.

47

Jonglieren mit vier Bällen

Für jeden Ball, den Sie zusätzlich jonglieren wollen, wächst die Übungszeit überproportional. Deshalb sollten Sie erst einmal die Tricks und Variationen mit drei Bällen beherrschen, ehe Sie sich an vier Bälle wagen.

Lassen Sie sich nicht so schnell entmutigen, wenn Ihnen die Bälle nach nur wenigen Würfen zu Boden fallen. Mit jeder Übungseinheit sollten Sie versuchen, die Anzahl der Abwürfe, die Ihnen gelungen sind, um einen zu steigern. Dann werden Sie wahrscheinlich nach einigen Wochen auch mit vier Bällen sicher jonglieren können. Es gibt vier Variationen der Grundform mit vier Bällen. Alle sind im Anschluß beschrieben. Dabei ist Variante 1 die leichteste, Variante 4 die schwierigste Version.

Denkbar sind natürlich noch viele weitere »Vier-Ball-Tricks«, doch wer die anderen beherrscht, wird sicherlich selbst erfinderisch.

Vorübung mit zwei Bällen

● **Übungsziel:**
Sicheres »Zwei-Ball-Jonglieren« mit rechts und links, wobei Sie sich für beide Seiten eine konstante Wurfhöhe angewöhnen sollten.

Wiederholen Sie die Übung, bei der zwei Bälle in einer Hand jongliert werden, und zwar die erste oder dritte Variante aus dem Kapitel »Exkurse mit zwei Bällen« (siehe Seite 28). Bei Variante 1 werden beide Bälle in Kreisform, immer rechts oder immer links neben dem zuvor an der Reihe gewesenen Ball geworfen. Bei Variante 3 werfen Sie Ball 1 immer auf der rechten Seite senkrecht hoch, Ball 2 auf der linken Seite, so daß sich parallele säulenförmige Flugbahnen ergeben. Diese Vorübung müssen Sie mit der rechten und der linken Hand sicher beherrschen, wenn Sie mit vier Bällen jonglieren wollen. Achten Sie beim Üben darauf, daß Sie links und rechts jeweils ungefähr gleich hoch werfen, denn wenn Sie später auch mit vier ungleichmäßig fliegenden Bällen jonglieren würden, kämen Sie wahrscheinlich schnell aus dem Rhythmus.

■ **Fehler:**
Sie haben keine klare Konzeption, wie Sie verhindern wollen, daß beide Bälle in der Luft gegeneinanderstoßen.

■ **Tip:**
Entscheiden Sie sich wirklich entweder für Variante 1 oder 3 der Übung mit zwei Bällen in einer Hand, und halten Sie diese konsequent durch. Werfen Sie also entweder in Rechts- oder Linksbögen oder beide Bälle senkrecht nebeneinander hoch.

Jonglieren mit vier Bällen, Variante 1

Für diese erste Variante mit vier Bällen müssen Sie die Vorübung mit beiden Händen simultan ausführen. Die rechte und die linke Hand werfen also immer gleichzeitig, dabei dürfen die Bälle natürlich nicht zwischen den Händen wechseln. Versuchen Sie, die Bälle genau parallel hochzuwerfen, also nie zeitlich versetzt. Dabei können Sie, wie bei der Vorübung, entweder in zwei Kreisen oder jeweils senkrecht hoch werfen.

Meist wirft man mit einer Hand höher als mit der anderen und gerät dadurch aus dem Rhythmus. Außerdem kann es vorkommen, daß zwei Bälle in der Luft zusammenprallen; das kann passieren, wenn man nicht genau senkrecht hoch wirft oder wenn die Flugbahnen zu dicht nebeneinanderliegen oder sich vor dem Körper überschneiden.

▲ **Schwierigkeit:**
Dies ist die einfachste Variation mit vier Bällen. Probleme wird Ihnen das gleichzeitige und gleich hohe Werfen der beiden Bälle bereiten. Die Bälle dürfen nicht zwischen den Händen wechseln und müssen deshalb bei Variante 3 genau senkrecht hoch, bei Variante 1 immer dicht neben den davor geworfenen Ball geworfen werden.

■ **Fehler:**
Sie kommen nicht in einen Wurfrhythmus, die Bälle fliegen zu unterschiedlich in der Höhe und in den Flugbahnen.

■ **Tip:**
Machen Sie unbedingt immer wieder die Vorübung mit zwei Bällen, bis Sie sie sicher beherrschen. Vernachlässigen Sie nicht Ihre »schwächere« Wurfhand, sie muß besonders trainiert werden.

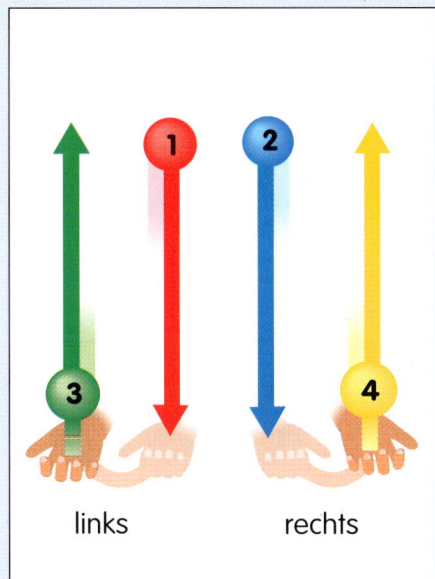

links   rechts

Jede Hand jongliert für sich mit zwei Bällen. Hier fliegen sie in senkrechten »Flugsäulen« hoch. Beide Hände fangen und werfen gleichzeitig und auf gleicher Höhe

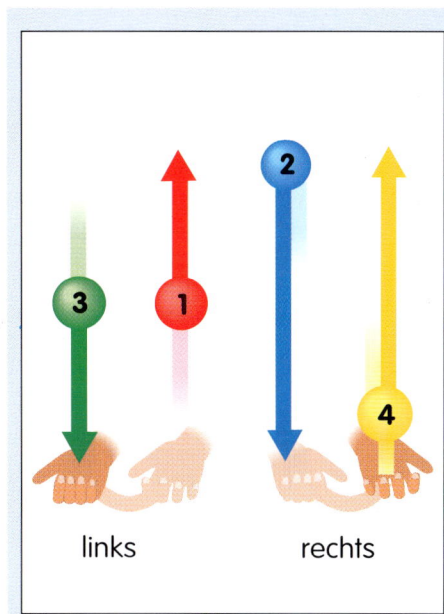

links   rechts

Der Unterschied zur vorigen Variante: Beide Hände jonglieren zeitversetzt

Jonglieren mit vier Bällen, Variante 2

Versuchen Sie jetzt, das Ganze zeitlich versetzt auszuführen: Wie bei der Drei-Ball-Grundform wirft immer abwechselnd die rechte und dann die linke Hand. Nur ist der Wurfrhythmus jetzt etwas schneller, da ja immer zwei Bälle in der Luft sind. Es gibt immer noch keinen Wechsel zwischen den Händen, sondern wie bei Variante 1 bleiben immer dieselben zwei Bälle links und die anderen zwei Bälle rechts.

Wahrscheinlich wird es Ihnen Probleme bereiten, die Bälle schnell genug hintereinander hochzuwerfen. Da man ja mit drei Bällen sicher jonglieren können soll, bevor man sich an vier Bälle wagt, ist der Wurfrhythmus, der für drei Bälle richtig ist, meist sehr festgefahren. Um in den schnelleren »Vier-Ball-Rhythmus« zu kommen, bewege ich die Unterarme immer erst einmal ohne zu werfen auf und ab. Wenn ich dann den richtigen Rhythmus habe, beginne ich zu werfen.

Ich weiß nicht, ob es genau stimmt, aber mir kommt es vor, als ob man beim zeitversetzten »Vier-Ball-Jonglieren« doppelt so schnell werfen muß wie beim

Jonglieren mit drei Bällen. Wenn man höher wirft, gewinnt man zwar etwas Zeit, aber die Genauigkeit der Flugbahnen läßt dadurch doch stark nach. Denken Sie daran, daß Sie die Oberarme beim Werfen dicht am Oberkörper angelegt haben. Dann werden Ihre Würfe wesentlich stabiler.

▲ **Schwierigkeit:**
Es muß sehr schnell hintereinander und sehr genau geworfen werden. Es scheint noch schwieriger als bei Variante 1 zu sein, die Bälle so zu werfen, daß sie nicht gegeneinanderstoßen.

Jonglieren mit vier Bällen, Variante 3

Jetzt wird es noch schwieriger: Die jeweils wieder zeitgleich geworfenen Bälle (wie bei Variante 1) sollen sich in der Luft kreuzen und damit die Hände wechseln. Damit die Bälle nicht unweigerlich in der Luft zusammenstoßen, können Sie folgendes tun: Werfen Sie immer aus der einen Hand die Bälle in einer Flugbahn, die dichter zu Ihrem Körper verläuft als die andere. Die Bälle fliegen also voreinander her. Wenn Sie dagegen die Höhe der Würfe unterschiedlich machen, vermeiden Sie zwar auch ein Gegeneinanderstoßen, aber der höher geworfene Ball benötigt mehr Zeit für seine Flugkurve als der flacher geworfene Ball. Dadurch kommen Sie aus dem Rhythmus und können die Bälle nicht mehr gleichzeitig werfen.

▲ **Schwierigkeit:**
Wie bei Variante 1. Die Flugbahnen der sich kreuzenden Bälle müssen genau stimmen. Ungewohnt ist, daß nicht zeitversetzt unter oder über den vorangegangenen Ball geworfen wird, sondern gleichzeitig und mit hintereinanderliegenden Flugbahnen.

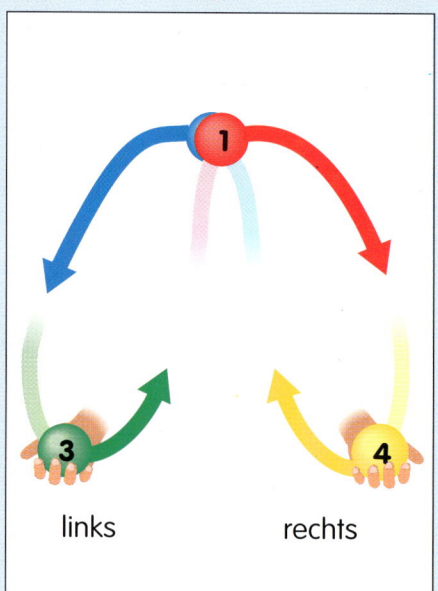

links   rechts

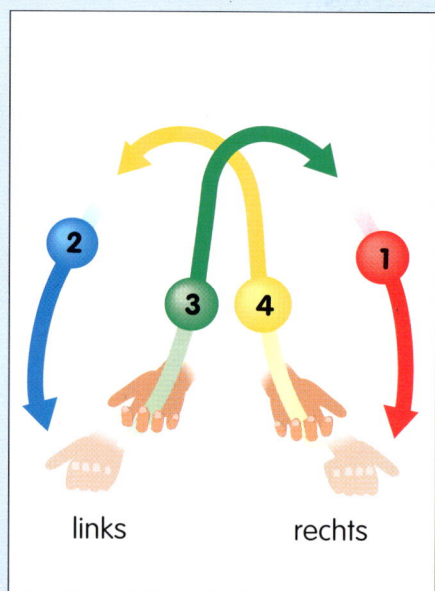

links   rechts

Wieder wird gleichzeitig jongliert, doch wechseln die Bälle jetzt die Hände

Jonglieren mit Ringen ist schwieriger als mit Bällen, denn die Ringe müssen nicht nur abgeworfen, sondern zusätzlich noch in eine Drehung versetzt werden, damit sie beim Flug eine stabile Position haben. Allerdings kann man sie gut höher werfen als Bälle.

Beginnen Sie erst dann mit Ringen zu jonglieren, wenn Sie die Grundform mit drei Bällen schon sicher beherrschen.

RINGE

Übungsweg zum Erlernen der Grundform mit drei Ringen

Mit drei Ringen wird im Prinzip genauso jongliert wie mit drei Bällen. Allerdings sieht man die hier beschriebene Grundform relativ selten. Zumeist werden Ringe in der Kaskadenform geworfen, oder man jongliert gleich mit vier oder mehr Ringen.

Vorübung 1 (mit einem Ring)

● **Übungsziel:**
Genauer, gleichmäßiger Wurf mit stabiler Flugbahn.

Nehmen Sie den Ring in die rechte Hand, beide Handinnenflächen zeigen zueinander nach innen, die Arme sind angewinkelt. Vor dem Abwurf senken Sie den rechten Arm etwas und kippen das Handgelenk nach unten, um Schwung zu holen. Versuchen Sie dann den Ring beim Abwurf durch eine kurze Bewegung des Handgelenks nach oben in

Der Ring wird in hohem Bogen von der einen zur anderen Hand geworfen

eine Drehung zu versetzen, denn dadurch wird die Flugbahn stabiler. Werfen Sie zunächst in einem hohen Bogen von rechts nach links. Danach beginnen Sie mit links und werfen nach rechts.

■ **Fehler:**
Der Ring eiert in der Luft und fliegt nach vorne weg.
■ **Tip:**
Setzen Sie das Handgelenk noch extremer ein, um eine stärkere Drehbewegung des Ringes zu erzeugen.

Vorübung 2 (mit zwei Ringen)

● **Übungsziel:**
Genaue, gleichmäßige Würfe mit dem richtigen Timing.

Jetzt nehmen Sie in jede Hand einen Ring. Sie beginnen mit rechts und werfen nach links. Kurz nachdem dieser Ring den höchsten Punkt seiner Flugbahn erreicht hat, wird der Ring aus der linken Hand abgeworfen. Genauso wie bei

Kippen Sie das Handgelenk nach unten, um den Ring zu drehen

rechts

links

Jetzt werden nacheinander zwei Ringe jeweils zur anderen Seite geworfen

Bällen müssen auch bei Ringen die Flugbahnen so verlaufen, daß die Gegenstände nicht gegeneinander stoßen: Werfen Sie den zweiten Ring deshalb unter der Flugbahn von Ring 1 her.

■ **Fehler:**
Die Ringe stoßen gegeneinander.

■ **Tip:**
Führen Sie die Arme beim Werfen mehr schräg nach innen, damit der zweite Ring unter der Flugbahn des zuvor geworfenen Ringes herfliegt.

■ **Fehler:**
Die Ringe fliegen nach vorne weg.

■ **Tip:**
Setzen Sie die Handgelenke stärker ein, um eine Drehbewegung zu erzeugen.

Grundform: Jonglieren mit drei Ringen

● **Übungsziel:**
Gleichmäßiges, rhythmisches Jonglieren mit drei Ringen.

In der linken Hand halten Sie nur einen Ring, in der rechten dagegen zwei Ringe. Der äußere wird durch Daumen sowie Zeige- und Mittelfinger gehalten. Getrennt werden die beiden Ringe mit Hilfe von Ring- und kleinem Finger, die dazwischen geschoben werden.
Der Ablauf ist der gleiche wie bei der Grundform mit drei Bällen (siehe Seite 22): Zuerst wird mit rechts – der äußere Ring – geworfen, dann mit links. Abwechselnd wirft immer die rechte Hand, dann die linke Hand.

■ **Fehler:**
Wie bei den Vorübungen 1 und 2.

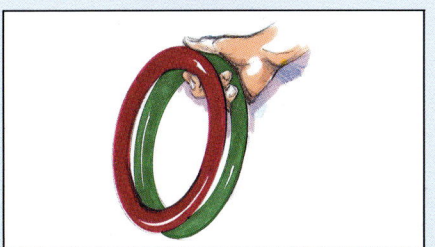

Handhaltung von zwei Ringen in einer Hand

rechts

links

Sobald der erste Ring oben ist, wirft man den zweiten

Jonglieren mit vier Ringen

Vorübung 1 (mit einem Ring)

● **Übungsziel:**
Genauer, gleichmäßiger Wurf mit stabiler Flugbahn.

Anstatt den Ring mit der rechten Hand nach links zu werfen, wie bei der ersten Vorübung für die Grundform mit drei Ringen, fangen Sie jetzt den senkrecht hochgeworfenen Ring wieder mit der rechten Hand. Vor dem Abwurf darf der Ring nicht ganz senkrecht in die Luft zeigen, sondern muß etwa zwei bis drei Zentimeter nach außen geneigt werden, dann wird die Flugbahn besser. Machen Sie diese Übung auch mit der linken Hand.

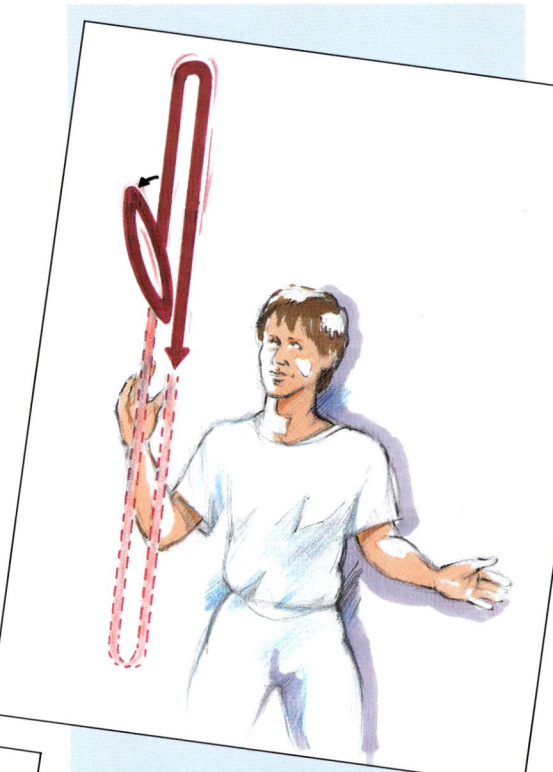

Der Ring muß dabei für bessere Flugeigenschaften etwas nach außen geneigt werden

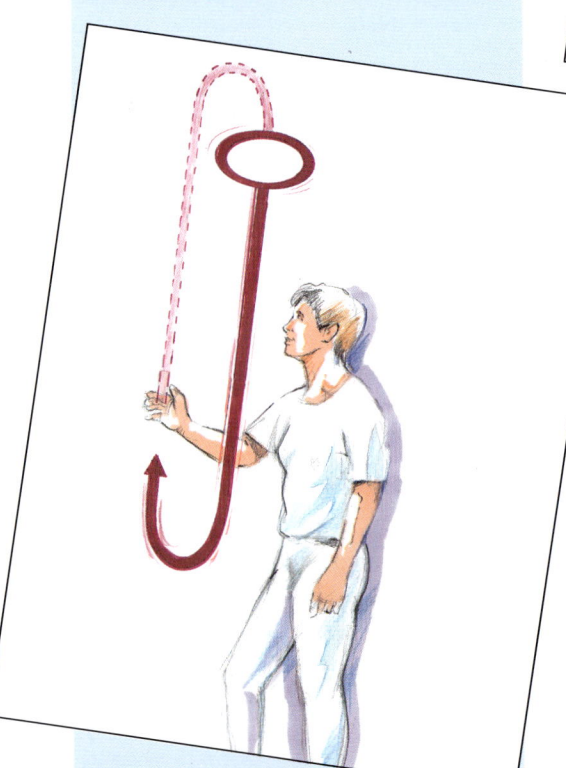

Hier wird mit nur einer Hand geworfen und gefangen. Die Flugbahn kann dabei auch viel höher ausfallen als auf der Zeichnung

■ **Fehler:**
Wie bei Vorübung 1 bei der Grundform mit drei Ringen.

Vorübung 2 (mit zwei Ringen in einer Hand)

● **Übungsziel:**
Rhythmisches, genaues Werfen der beiden Ringe mit einer Hand. Die Würfe sollten Sie mit rechts und links gleich hoch ausführen können.

Bei dieser Vorübung nehmen Sie zwei Ringe in Ihre rechte Hand. Die Haltung der Ringe ist dieselbe wie bei der Grundform mit drei Ringen: Der äußere Ring wird durch den Daumen sowie den Zeige- und Mittelfinger gehalten. Der Ring- und der kleine Finger trennen die beiden Ringe.
Auch bei dieser Vorübung 2 müssen Sie die Ringe vor dem Werfen etwas zur Seite nach außen neigen. Zuerst wird der äußere Ring geworfen, dann der innere. Beide sollten in einem engen, hohen Bogen wieder zum Körper zurückkehren. Ringe haben den Vorteil, daß sie schmaler sind als Bälle und nicht so leicht gegeneinanderstoßen.

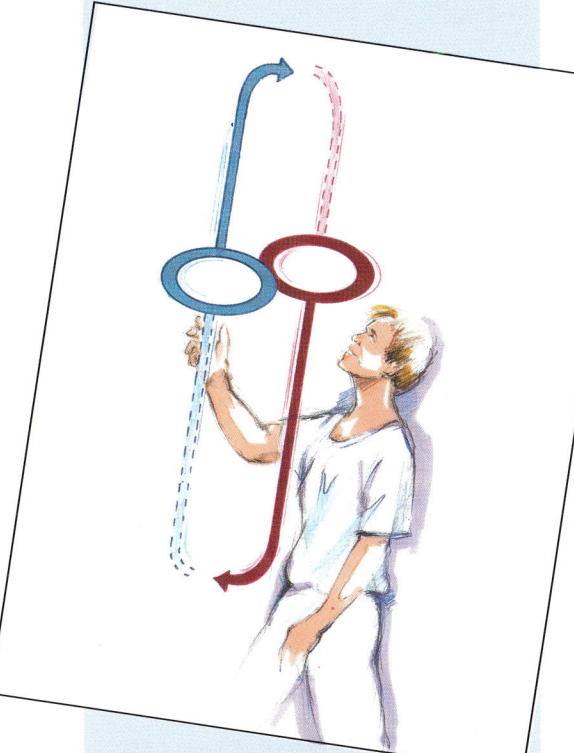

**Mit einer Hand werden
zwei Ringe in einem hohen, schmalen
Bogen jongliert, ebenfalls gekippt**

Diese Vorübung sollten Sie mit der rechten Hand genauso gut beherrschen wie mit der linken Hand. Versuchen Sie, sich mit rechts und links jeweils die gleiche Wurfhöhe anzugewöhnen, damit Sie beim Jonglieren mit vier Ringen nicht aus dem Rhythmus kommen.

■ **Fehler:**
Die Ringe stoßen gegeneinander.

■ **Tip:**
Werfen Sie den zweiten Ring immer etwas rechts oder links neben den davor geworfenen Ring.

Jonglieren mit vier Ringen, Variante 1

● **Übungsziel:**
Rhythmisches, genaues Jonglieren mit vier Ringen, wobei je zwei davon gleichzeitig geworfen werden. Beide Hände arbeiten also synchron.

Bei der ersten Variante arbeitet jede Hand für sich alleine mit je zwei Ringen, die nicht zwischen den Händen wechseln dürfen. Sie werfen mit rechts und links gleichzeitig. Die Ringe müssen genau gleich hoch fliegen, damit Sie nicht aus dem Wurfrhythmus kommen. Denken Sie daran, daß beim Abwurf die Ringe etwas nach außen geneigt werden.

■ **Fehler:**
Sie werfen links und rechts ungleichmäßig hoch und kommen dadurch aus dem Rhythmus.

■ **Tip:**
Wiederholen Sie Vorübung 2.

**Jede Hand
jongliert zwei Ringe gleichzeitig und
in gleichhohen Flugkurven**

Jonglieren mit vier Ringen, Variante 2

● **Übungsziel:**
Rhythmisches, genaues Jonglieren mit zwei Ringpaaren.

Bei der Variante 2 werden die Ringe paarweise geworfen. Dabei werfen Sie aus jeder Hand zunächst nur einen Ring an Ihrer rechten Körperseite hoch. Dann drehen Sie den Oberkörper nach links und werfen die beiden anderen Ringe auf der linken Seite hoch.
Dies ist ein Unterschied zu den Variationen, die Sie bisher kennengelernt haben. Denn bis jetzt wurde immer nur ein Gegenstand auf der rechten Seite und ein Gegenstand auf der linken Seite, gleichzeitig oder zeitlich versetzt, geworfen. Wenn Sie das paarweise Werfen in Ihr Ring-Programm einbauen wollen, können Sie die normale »Ring-Kaskade«, die im nächsten Abschnitt beschrieben wird, gut als Übergang nehmen.

■ **Fehler:**
Die Zeit für die Oberkörperdrehung reicht nicht aus.

■ **Tip:**
Werfen Sie die Ringe etwas höher als bei der Variante 1.

Jonglieren mit vier Ringen, Variante 3

● **Übungsziel:**
Zeitversetztes rhythmisches und genaues Jonglieren mit vier Ringen.

Diese Version ähnelt der ersten Variante mit vier Ringen. Jede Hand arbeitet für sich alleine mit je zwei Ringen, aber jetzt wird abwechselnd in schneller Folge rechts und links abgeworfen. Die Ringe dürfen nicht zwischen den Händen wechseln. Neben der Wurfhöhe muß bei Variante 3 auch der Wurfrhythmus sehr gleichmäßig sein, damit man die Übersicht behält und nicht aus dem Konzept kommt.

■ **Fehler:**
Sie werfen die Ringe in zu langsamer Zeitfolge ab.

■ **Tip:**
Bewegen Sie die Unterarme zunächst ohne zu werfen im richtigen Wurfrhythmus auf und ab. Erst wenn Sie sich an den Rhythmus gewöhnt haben, beginnen Sie mit den Würfen.

Links: Der Körper muß sich für paarweises Werfen hin und her bewegen.
Rechts: Jede Hand jongliert zeitversetzt

Variationen mit Ringen

Wenn Sie mit der Handhabung der Ringe einigermaßen vertraut sind, können Sie natürlich weitere Tricks ausprobieren. Drei möchten wir Ihnen als Anregung geben, doch sicherlich haben Sie schon eigene Ideen.

Ring-Kaskade, Variante 1

Genauso wie Bälle können Sie auch Ringe in Kaskaden- oder Kranzform werfen: Die eine Hand schickt die Ringe in den Umlauf, die andere Hand übergibt jeweils den gefangenen Ring von der Fang- zur Wurfhand.
Die Ringe werden wie bei den Grundformen mit drei oder vier Bällen gehalten. Sie zeigen nach vorne vom Körper weg. Beginnen Sie zunächst mit zwei Ringen, auch drei sind noch ohne große Probleme zu schaffen; bei vier Ringen braucht man schon eine gehörige Portion mehr Konzentration.

▲ **Schwierigkeit:**
Mit zwei Ringen dürften bei der Kaskade keine Probleme auftauchen. Mit drei und mehr Ringen müssen Ihre Bewegungen sehr schnell und genau sein.

Ring-Kaskade, Variante 2

Reizvoller für die Zuschauer, aber auch schwieriger ist es, die Ringe so zu werfen, daß sie mit ihrer vollen Fläche für das Publikum zu sehen sind, während Sie selbst ebenfalls dem Publikum zugewandt sind. Gefangen werden die Ringe bei dieser seitlichen Kaskade an ihrer unteren Innenseite. Die Fanghand wird so gehalten, daß die Handinnenfläche zum Körper zeigt, der Unterarm zeigt also nach oben. Die Wurfhand halten Sie mit der Handinnenseite zum Publikum hin, also genau umgekehrt. Insgesamt fliegen die Ringe in einem breiteren Bogen als bei Variante 1.

▲ **Schwierigkeit:**
Sowohl das Fangen als auch das Werfen und die Übergabe der Ringe wird Ihnen schwerfallen, da beides ungewohnt ist.

Kaskade mit den Ringflächen nach vorn. Beide Hände hält man unterschiedlich

Körperdrehungen

Versuchen Sie einmal, sich während des Jonglierens um die eigene Achse zu drehen. Elegant sieht es aus, wenn Sie dies in einer fließenden Bewegung und auf einem Bein tun. Wenn Sie sich beim paarweisen Jonglieren mit vier Ringen (Variante 2, Seite 56) drehen wollen, müssen Sie das erste Paar Ringe etwas hinter sich werfen. Dann drehen Sie sich um 180 Grad. Das zweite Paar wird erst nach dem Drehen geworfen. Bei einer ganzen Drehung müssen Sie die Ringe nur höher als gewöhnlich werfen. Sie können die Umdrehung auch so ausführen, daß alle vier Ringe zugleich in der Luft sind (ein Paar höher werfen).

▲ **Schwierigkeit:**
Durch die Körperdrehungen geht leicht die Orientierung verloren. Dadurch, daß die Ringe sehr hoch geworfen werden müssen, leidet die Wurfgenauigkeit.

KEULEN

Die Arbeit mit Keulen oder Stöcken ist für das Publikum spektakulärer als die mit Bällen oder Ringen, aber auch schwerer zu erlernen. Denn dabei muß nicht nur Wurfhöhe und Richtung genau stimmen, sondern es muß auch die Drehung der Keulen oder Stöcke um die eigene Achse richtig dosiert werden.

Übungsweg zum Erlernen der Grundform mit drei Keulen

Auch bei diesen Jonglierrequisiten empfiehlt es sich, erst einmal systematisch die Grundform zu erlernen. Mit zunehmender Übung und Geschicklichkeit können Sie dann Ihre Fähigkeiten ausbauen, sobald Sie ein gutes Gespür für die fließende Bewegung haben.

Die Grundhaltung

Keulen werden etwas unterhalb der Mitte am Griff gehalten, dort wo er etwas breiter wird. Die Handinnenflächen zeigen nach oben. Die Keulen sollten beim Jonglieren nicht direkt geradeaus nach vorne gehalten, sondern ungefähr 45 Grad von der Körperachse aus nach außen weggedreht werden. Auch zum Fangen behalten Sie diese Handhaltung bei. Die Arme sind – anders als beim Jonglieren mit Bällen und Ringen – nicht mit 90 Grad angewinkelt, sondern fast so gestreckt, daß in Hüfthöhe geworfen und gefangen werden kann.

Vorübung 1 (mit einer Keule)

● **Übungsziel:**
Gleichmäßig hohe Würfe mit der richtigen Armführung und einer Umdrehung der Keule um die eigene Achse sowie das korrekte Fangen der Keule mit der anderen Hand.

Sie nehmen eine Keule in die rechte Hand. Werfen Sie sie in einem kopfhohen Bogen zur linken Seite herüber, wobei sich die Keule einmal um die eigene Achse drehen soll. Dazu führen Sie vor dem Werfen Ihren Arm von rechts zur linken Seite, bis die Keule, die Sie immer noch fest in der Hand halten, ungefähr 45 Grad nach links außen zeigt. Erst dann wird geworfen. Da sich die Keule ja schon fast an ihrer Fangposition befindet, müssen Sie sie praktisch nur noch – mit einer Umdrehung um ihre Querachse – senkrecht in die Luft werfen und mit der linken Hand fangen. Üben Sie so lange, bis Sie den Wurf mit beiden Händen gleich gut beherrschen. Versuchen Sie

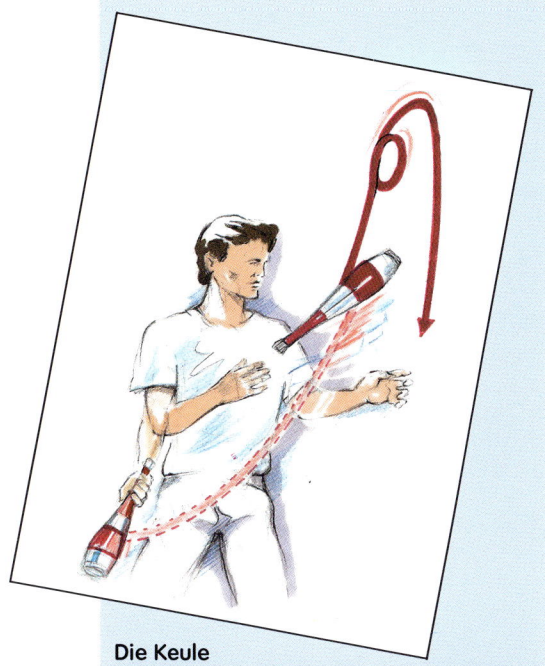

Die Keule
wird unten vor dem Körper entlanggeführt und dann, mit einer Drehung um ihre Achse, fast senkrecht hochgeworfen

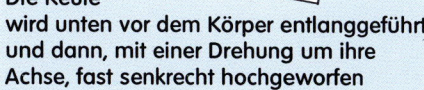

später, so niedrig zu werfen, daß die Keule unterhalb Ihrer Augenhöhe, am besten in Hüfthöhe, fliegt.

■ **Fehler:**
Die Keule wird überdreht.
■ **Tip:**
Sehen Sie sich Ihre Griffposition an: Wenn Sie die Keule zu weit am Griffende halten, haben sie wenig Gefühl für die richtige Dosierung der Umdrehung.

Grundhaltung der Keule

■ **Fehler:**
Die Keulen fliegen sehr dicht am Kopf vorbei.
■ **Tip:**
Halten Sie die Keulen beim Werfen nicht senkrecht nach vorne, sondern ungefähr 45 Grad nach außen.

Vorübung 2 (mit zwei Keulen)

● **Übungsziel:**
Gleichmäßige, genaue Würfe mit dem richtigen Timing.

Jetzt nehmen Sie in jede Hand eine Keule. Sie beginnen mit rechts und werfen sie zur linken Hand. Bevor Sie Keule 1 fangen, werfen Sie Keule 2 aus der linken Hand nach rechts. Geworfen wird so, wie es in der Vorübung 1 beschrieben ist: erst den Arm zur richtigen (zur Fang-) Seite führen und dann die Keule mit einer Umdrehung um die eigene Achse fast senkrecht in die Luft werfen. Denken Sie daran, daß Sie nach und nach üben, in Hüfthöhe zu jonglieren. Beginnen Sie jeweils abwechselnd einmal mit der rechten und einmal mit der linken Hand.

■ **Fehler:**
Die Keulen stoßen in der Luft gegeneinander oder fliegen zu dicht am Gesicht vorbei.

■ **Tip:**
Achten Sie auf die richtige Armführung vor dem Abwurf.

rechts

links

Sobald die rechte Keule links oben ist, führen Sie die andere herüber und werfen sie rechts ab

■ **Fehler:**
Sie werfen die Keulen zu weit nach vorne. Deshalb stehen Sie mit nach vorne gebeugtem Oberkörper da.

■ **Tip:**
Auch das liegt meistens an der fehlenden Armführung: Mit rechts führt man die Keule nach links, um sie dort erst abzuwerfen; bei einem Wurf mit links ist es genau umgekehrt.

Grundform: Jonglieren mit drei Keulen

● **Übungsziel:**
Rhythmisches, genaues Jonglieren mit drei Keulen.

Wenn Sie die Vorübung 2 sicher beherrschen, können Sie schon zur Grundform mit drei Keulen übergehen. Links halten Sie eine, rechts zwei Keulen. Die richtige Handhaltung von zwei Keulen in einer Hand zeigt die Abbildung.

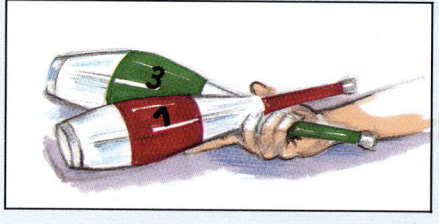

Handhaltung mit zwei Keulen

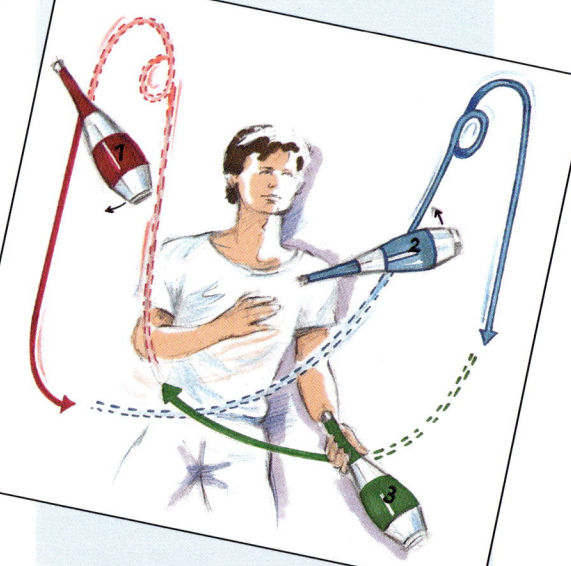

Jonglieren mit drei Keulen: Flugbahn für die Grundform

Versuchen Sie, zu Beginn erst einmal drei Würfe sicher auszuführen: rechts – links – rechts. Danach versuchen Sie die Wurfzahl zu steigern. Meist wird Ihnen die erste Keule nach fünf bis sechs geglückten Abwürfen zu Boden fallen. Korrigieren Sie beim Üben öfter einmal die Armführung vor dem Körper her und die Handhaltung, damit Sie sich nichts Falsches angewöhnen.

■ **Fehler:**
Wie bei Vorübung 1 und 2.

Variationen mit drei Keulen

Wenn Sie die Grundform mit drei Keulen fließend können, wird es Sie reizen, schwierigere Tricks auszuprobieren. Einige möchte ich Ihnen hier vorstellen.

Doppeldrehungen

Einen reizvollen Effekt für die Zuschauer kann man mit Doppeldrehungen erzeugen. Sie werden außerdem bei vielen Tricks eingesetzt, wenn es darum geht, für einen komplizierten Ablauf Zeit zu gewinnen. Dabei wird die Keule nicht schon nach einer Umdrehung um die eigene Achse gefangen, sondern nach zwei.
Die Handhaltung ist die gleiche wie beim normalen Werfen. Um die doppelte Umdrehung zu erreichen, haben Sie zwei Möglichkeiten: Entweder steigern Sie die Drehgeschwindigkeit oder die Wurfhöhe. Normalerweise wirft man zu Beginn nur etwas höher, wobei die Drehgeschwindigkeit ebenfalls erhöht wird. Sie können die Doppeldrehungen in der Grundform bei jedem oder nur bei einzelnen Würfen einsetzen.

▲ **Schwierigkeit:**
Die Dosierung der doppelten Umdrehungen ist schwieriger als die der einfachen, denn mit zunehmender Wurfhöhe werden die Flugbahnen ungenauer. Nach einer Doppeldrehung sind die Keulen nicht mehr so leicht zu fangen.

● **Übungsweg:**
– Üben Sie die Doppeldrehung zunächst separat mit einer Keule.
– Danach jonglieren Sie die Grundform mit drei Keulen und versuchen zwischendurch einmal eine doppelte Umdrehung.
– Wenn Sie dies sicher beherrschen, können Sie schließlich alle Würfe bei der Grundform mit Doppeldrehungen ausführen.

Für eine Doppeldrehung muß die Keule etwas höher geworfen werden

Veränderte Abwurfposition, Variante 1

Versuchen Sie doch einmal, eine Keule unter dem Oberschenkel durchzuwerfen. Dabei sollten Sie das Bein so weit wie möglich anheben. Die Keulen müssen dazu etwas näher am Griffende gehalten werden als bei den normalen Würfen, damit man besser um das Bein herumwerfen kann. Dazu lockern Sie den Griff etwas und lassen die Keule einige Zentimeter durchrutschen. Da mit Keulen sowieso schon sehr tief – in Hüfthöhe – jongliert wird, ist der Weg der Hand zu der veränderten Abwurfposition kürzer, als wenn Sie zum Beispiel das gleiche mit Bällen probieren.

Alle Würfe können mit einfacher Umdrehung ausgeführt werden. Die rechte Hand wirft unter dem rechten Oberschenkel nach links, die linke Hand unter dem linken Oberschenkel hindurch nach rechts.

▲ **Schwierigkeit:**
Die Veränderung des Griffes sowie der etwas längere Weg von der Fang- zur Abwurfposition fällt schwer. Die Standfestigkeit auf einem Bein ist stets etwas unsicher.

● **Übungsweg:**
– Üben Sie am besten zunächst nur den veränderten Abwurf separat mit einer Keule.
– Danach üben Sie mit zwei Keulen: Werfen Sie mit links eine Keule ganz normal nach rechts. Während diese noch in der Luft ist, werfen Sie die zweite Keule mit der rechten Hand unter dem rechten Oberschenkel hindurch.
– Jetzt können Sie den Abwurf unter dem Oberschenkel hindurch in die normale Grundform einbauen.

Veränderte Abwurfposition, Variante 2

Ein sehr schwieriger Trick mit drei Keulen ist es, diese hinter dem Rücken her nach vorne zu werfen. Zum Abwurf führen Sie den Arm mit der Keule unten herum hinter den Rücken und lassen den Griff etwas locker, damit die Keule bis zum Griffende durchrutschen kann. Legen Sie zum Werfen den gestreckten Zeigefinger seitlich an den Griff an, damit Sie die Flugrichtung der Keule besser dirigieren können. Mit dem rechten Arm wird über die linke Schulter geworfen. Die Flugbahn der Keulen liegt etwas seitlich links vom Körper. Sie können die Würfe mit einfachen oder doppelten Umdrehungen ausführen.

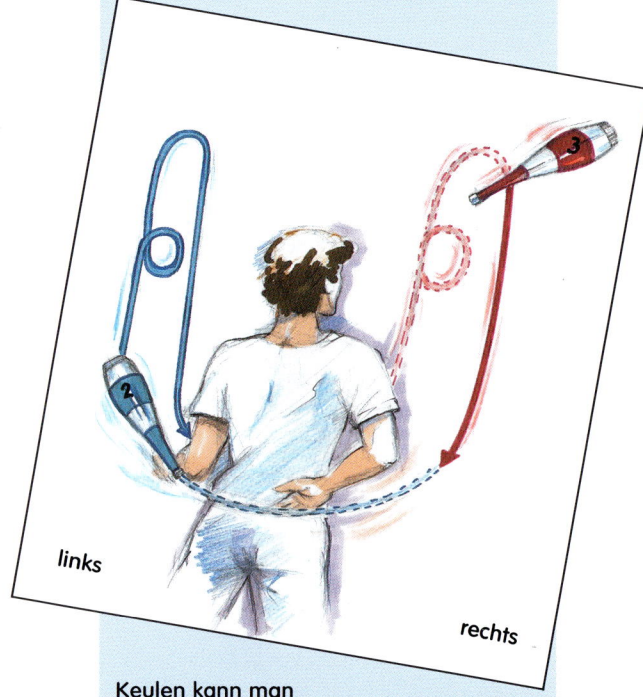

links

rechts

Keulen kann man auch hinter dem Rücken abwerfen

▲ **Schwierigkeit:**
Sie sehen hinter dem Rücken nicht, ob Sie die richtige Abwurfposition erreicht haben. Versuchen Sie, ein Gefühl dafür zu bekommen. Der Weg der Hand von der Fang- zur Abwurfposition ist sehr lang. Sie müssen beim Jonglieren den Griff ändern.

● **Übungsweg:**
Wie bei Variante 1.

DIABOLO

Viele Jongleure machen es so, daß sie, wenn sie eine halbe Stunde mit Bällen, Ringen oder Keulen gearbeitet haben, im Anschluß daran zur Belohnung zum Diabolo greifen. Auch für Anfänger bietet sich der Doppelkreisel oder das »chinesische Jojo«, wie das Diabolo auch genannt wird, an. Denn damit lassen sich in kürzester Zeit Fortschritte und Erfolgserlebnisse erzielen. Je nach Geschicklichkeit gelingt Ihnen vielleicht schon ein Trick, nachdem Sie ihn gerade erst ein dutzendmal versucht haben.

Das Diabolo in Schwung bringen

Ein Diabolo bleibt nur im Gleichgewicht auf einer Schnur, wenn es sich schnell um seine Achse dreht. Das verleiht ihm die nötige Stabilität. Nur wenn man es in Bewegung hält, kann man es für die zahlreichen Tricks gebrauchen. Sonst würde es schnell kippen und wäre nicht mehr richtig zu handhaben.

Einige der beschriebenen Übungen lassen sich übrigens sogar mit einem Spielzeug-Diabolo ausführen. Für alle Formen, bei denen es auf große Rotationsgeschwindigkeiten ankommt, kaufen Sie sich am besten ein größeres und schwereres Artistik-Diabolo.

Die Grundhaltung

Stellen Sie sich aufrecht hin, die Beine hüftbreit auseinander. Die Oberarme sind locker am Oberkörper angelegt. In jeder Hand halten Sie einen der beiden Stöcke; sie werden am Stockende gefaßt, die Schnur ist vorne. Die Handinnenflächen zeigen aufeinander zu und leicht nach oben, die Stöcke zeigen von Ihnen weg nach vorne. Die Arme sind im Ellbogengelenk mit etwa 90 Grad angewinkelt.

Vorübung: Das Rollen

● **Übungsziel:**
Gerades Rollen des Diabolos von rechts nach links auf dem Boden.

Zum Rollen nehmen Sie die Grundhaltung ein. Sie beginnen, indem Sie das Diabolo einen halben Meter rechts von sich auf den Boden legen, so daß die Öffnung einer Halbkugel rechts an Ihnen vorbei zeigt. Das Diabolo, das mit seiner Taille auf der Schnur liegen muß, ziehen Sie nach links, indem Sie die Arme mit den Stöcken in diese Richtung führen. Es sollte in einer geraden Linie direkt vor Ihnen auf dem Boden nach links rollen. Wenn es nicht mehr weitergeht, ziehen Sie es zurück auf dem Boden nach rechts. Durch das Rollen nach links dreht sich das Diabolo schon etwas in die richtige Richtung und ist dann einfach in Schwung zu bringen.

Das Rollen,
ist eine Vorübung,
um Gefühl für das Diabolo zu bekommen

■ **Fehler:**
Das Diabolo rollt nicht richtig, sondern rutscht dabei zum Übenden hin.

■ **Tip:**
Die Linie, auf der das Diabolo von rechts nach links rollt, sollte dicht vor dem Körper verlaufen. Legen Sie das Gerät nur so weit nach vorne, daß es sich unter dem rechten Stockende befindet, an dem die Schnur befestigt ist.

Rotation durch Ziehen

● **Übungsziel:**
Größtmögliche Rotation des Diabolos bei hoher Stabilität seiner Position.

Sie beginnen wie bei der Vorübung »Rollen« und lassen das Diabolo von rechts über den Boden nach links laufen. Wenn es in der Mitte vor Ihnen ist, heben Sie die Stöcke etwas an, so daß es sich vom Boden löst. Durch das Rollen dreht sich das Diabolo ja schon etwas nach links. Um diese Rotation nun zu verstärken, müssen Sie den rechten Arm mit dem Stock etwas nach oben bewegen. Bei diesem Ziehen mit der Schnur müssen Sie das Gewicht des Diabolos in der Schnur spüren, der linke Arm geht zum Ausgleich etwas nach unten. Danach gehen Sie mit dem rechten Arm wieder herunter (mit dem linken entsprechend nach oben), um sofort wieder mit rechts zu ziehen: das Diabolo bekommt Schwung.

Je schwerer das Gerät ist, desto besser erzielt man große Geschwindigkeiten, und desto eher spürt man es in der Schnur. Allerdings fällt der Start beim Ziehen mit einem schweren Diabolo dem Anfänger nicht so leicht wie mit einem Spielzeuggerät von geringem Gewicht. Je kürzer Sie den Abstand zwischen den Ziehbewegungen machen, desto größer wird die Rotationsgeschwindigkeit.

rechts

links

rechts

links

Die rechte Hand zieht das Seil hoch, so daß das Diabolo in Schwung gerät. Die linke Hand gibt nach, bevor man das Seil locker wieder zurückholt

Je weniger das Diabolo in der Schnur hüpft, desto besser haben Sie den Zeitpunkt für die Ziehbewegungen erwischt. Das Diabolo darf sich übrigens nur wenig auf und ab bewegen, im Gegensatz zu Ihren Armen mit den Stöcken.

■ **Fehler:**
Das Diabolo hüpft aus der Schnur.
■ **Tip:**
Sie müssen beim Ziehen immer das Gewicht des Diabolos in der Schnur spüren. Das Gerät sollte daher immer durch sein Eigengewicht die Schnur gespannt halten.

■ **Fehler:**
Die Schnur verheddert sich.
■ **Tip:**
Nehmen Sie die Stöcke etwas weiter auseinander und halten Sie die Schnur immer gespannt.

■ **Fehler:**
Das Diabolo kippt nach vorne oder nach hinten.
■ **Tip:**
Um das Diabolo wieder ins Gleichgewicht zu bringen, müssen Sie mit der rechten Schnur die nach oben zeigende Halbkugel berühren, indem Sie den rechten Arm entsprechend nach vorne oder hinten bewegen.

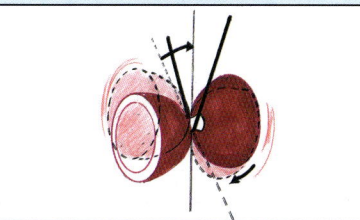

Wenn das Diabolo kippt, kann man es wieder geraderichten

■ **Fehler:**
Sie bekommen nur eine sehr geringe Rotationsgeschwindigkeit zustande.
■ **Tip:**
Der Zeitpunkt der Ziehbewegungen stimmt noch nicht. Versuchen Sie, genau dann zu ziehen, wenn Sie das Diabolo in der Schnur spüren, oder machen Sie die Ziehbewegungen schneller hintereinander.

Rotation durch Schlagen

● **Übungsziel:**
Ganz besonders hohe Rotationsgeschwindigkeit durch schlagendes Schwunggeben.

Durch das Schlagen (oder Peitschen) können Sie das Diabolo in größerer Geschwindigkeit rotieren lassen als durch das Ziehen. Allerdings ist Schlagen schwieriger, außerdem benötigen Sie dafür ein schweres Profigerät. Ein Spielzeug-Diabolo ist zu leicht und springt dauernd aus der Schnur.
Beginnen Sie, indem Sie das Diabolo durch Ziehen in eine Rotation mit geringer Geschwindigkeit versetzen. Zum Schlagen bewegen Sie dann Ihren rechten Arm nach rechts außen und lassen das Diabolo fast bis zum rechten Ende der Schnur laufen. Der linke Unterarm zeigt mit dem Stock etwas nach oben. Dann schlagen Sie mit dem rechten Arm unter dem linken Ellbogen entlang nach links. Nach diesem Schlag, der in einer schnellen Bewegung ausgeführt werden sollte, ist es wichtig, die Schnur wieder etwas zu spannen, denn sonst geht der Schwung verloren, oder das Diabolo springt heraus.
Diese Schlagbewegung wird in der gleichen Art und Weise so lange wiederholt, bis Sie mit der Rotationsgeschwindigkeit des Diabolos zufrieden sind. Das Diabolo bleibt bei dieser Methode (anders als beim Ziehen) nicht ruhig an einer Stelle, sondern schwingt vor Ihrem Körper hin und her.
Es kann sein, daß das Diabolo, da Sie immer vorne vor der Schnur vorbeischlagen, etwas kippt und mit dem hinteren Teil nach oben zeigt. Das können Sie ausgleichen, indem Sie zwischendurch hinter dem linken Teil der Schnur vorbeischlagen. Dazu müssen Sie den linken Arm ganz dicht vor die Brust nehmen. Beim Schlagen werden dann beide Arme gekreuzt. Die Schlagbewegungen können übrigens entweder fast waagerecht oder von oben nach unten ausgeführt werden.

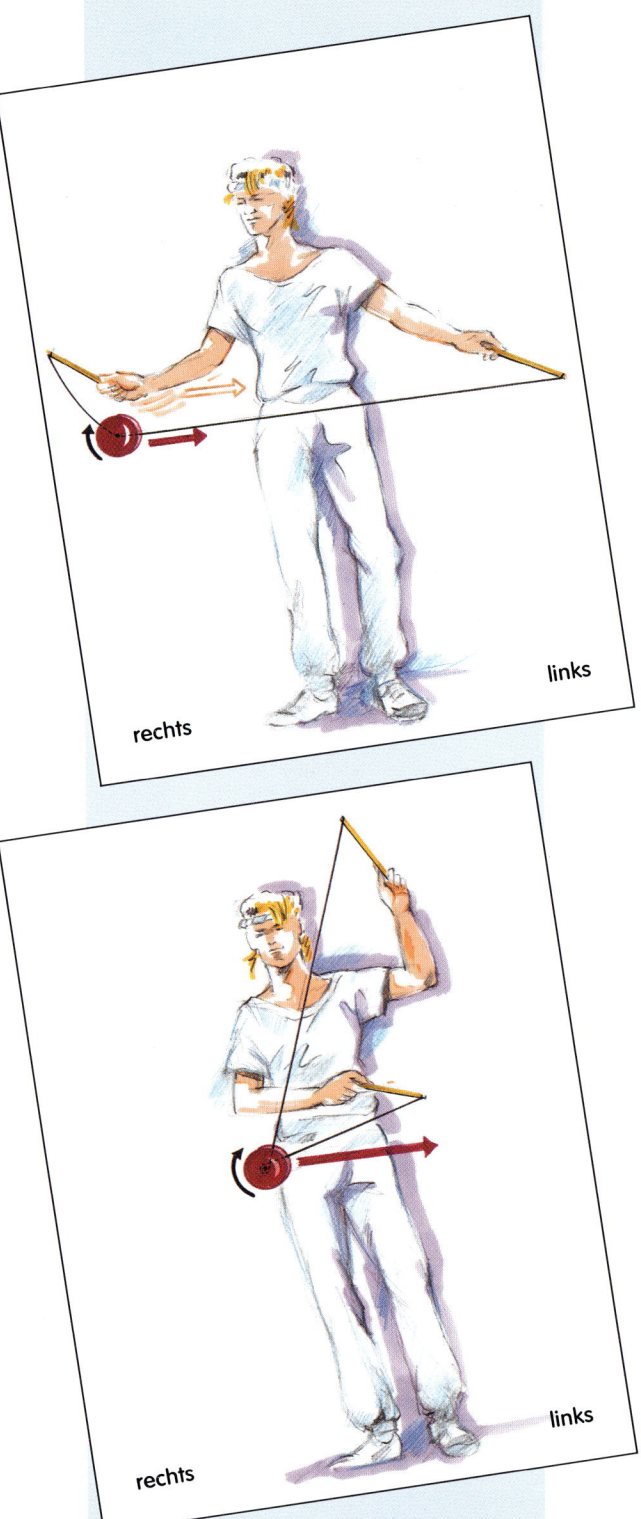

rechts links

rechts links

Lassen Sie das sich drehende Diabolo bis fast zum rechten Ende der Schnur laufen. Durch eine schnelle Schlagbewegung holen Sie es zur anderen Seite herüber

rechts

links

**Die Schnur wird
wieder gespannt. Holen Sie
erneut zur Schlagbewegung von rechts aus**

■ **Fehler:**
Sie erzielen trotz des Schlagens keine große Rotationsgeschwindigkeit. Das Diabolo springt aus der Schnur.

■ **Tip:**
Das Diabolo muß fast am rechten Ende der Schnur sein, wenn Sie mit der Schlagbewegung ansetzen. Halten Sie nach dem Schlag sofort wieder die Spannung in der Schnur.

■ **Fehler:**
Das Diabolo kippt nach hinten.

■ **Tip:**
Ein oder mehrere Male außen, also hinter dem linken Teil der Schnur mit gekreuzten Armen vorbeischlagen.

Das Drehen

● **Übungsziel:**
Willkürliches Drehen des Diabolos nach rechts oder links.

Normalerweise zeigt immer eine Halbkugel des Diabolos zu Ihnen. Wenn Sie das Gerät um 90 Grad drehen, deutet eine Halbkugel nach links, die andere nach rechts. Die Stöcke müssen allerdings immer parallel zur Achse des Diabolos zeigen und ebenfalls gedreht werden. Wenn Sie Ihre Körperstellung beibehalten wollen, müssen Sie Ihre Armhaltung ändern. Um dann das Diabolo nach links zu drehen, lassen Sie es zunächst bis fast an das rechte Ende der Schnur laufen. Dann tippen Sie mit dem rechten Stock den hinteren Teil, der von Ihnen weg zeigt, an. Nach rechts dreht sich der Doppelkreisel, wenn Sie den vorderen Teil mit dem rechten Stock berühren.
Das Drehen benötigen Sie zum Beispiel für den »Stock-Hop« oder wenn das Diabolo einmal ohne Ihre Absicht die Position verändert hat. Dann können Sie es in der oben beschriebenen Art und Weise wieder gerade stellen.

■ **Fehler:**
Das Diabolo verliert beim Versuch, es zu drehen, den Schwung.

■ **Tip:**
Entweder haben Sie es mit dem Stock zu stark gebremst (nur leicht antippen!), oder das Diabolo hatte vorher zu wenig Schwung.

67

Tricks und Variationen mit dem Diabolo

Viele Tricks und Variationen mit dem Diabolo sind zumeist sehr schnell zu erlernen und trotzdem spektakulär anzusehen. Für die schönsten der hier beschriebenen Tricks benötigen Sie allerdings ein schweres Profi-Diabolo.

Hochwerfen und Fangen

Wenn Sie gelernt haben, das Diabolo in Schwung zu bringen, dürfte Ihnen das Werfen und Fangen des Gerätes keine großen Schwierigkeiten mehr bereiten. Sie können diese Übung sogar mit einem Spielzeug-Diabolo ausführen. Versetzen Sie den Doppelkreisel – Ziehen genügt hier – in eine mittelschnelle Rotationsbewegung. Zum Werfen heben Sie die Arme in den Schultergelenken in einer kurzen und schnellen Bewegung nach oben und werfen das Diabolo ungefähr zwei bis drei Meter über sich senkrecht in die Luft. Während es in der Luft ist, darf es auf keinen Fall flattern,

denn dann können Sie es nicht mehr fangen. Zum Fangen wird der Doppelkreisel – je nachdem, wo er sich befindet – mit dem rechten oder linken Stockende angepeilt, wobei beide Arme nach oben in die Luft gestreckt werden; das Seil ist gespannt. Auftreffen sollte das Diabolo fast am Schnurende. Dann gibt man schnell mit den Armen nach unten nach, um das Diabolo so weich abzufangen, daß es nicht wieder von der Schnur springen kann. Wenn Sie das Gerät sicher gefangen haben, müssen Sie die durch den Flug verlorene Rotationsgeschwindigkeit wieder verstärken.

- **Fehler:**
  Das Diabolo flattert in der Luft.
- **Tip:**
  Die Rotationsgeschwindigkeit war beim Abwurf nicht groß genug.

- **Fehler:**
  Das Diabolo trifft beim Versuch, es zu fangen, nicht auf der Schnur auf.
- **Tip:**
  Werfen Sie es so hoch, daß Sie Zeit genug haben, es mit dem Stockende anzupeilen. Je höher Sie werfen, desto schwieriger ist allerdings auch dann das Fangen.

- **Fehler:**
  Das Diabolo springt beim Fangen wieder aus der Schnur.
- **Tip:**
  Lassen Sie es fast am Schnurende auftreffen und geben Sie dann sofort mit den Armen nach unten nach, um es weich abzufangen. Bleibt die Schnur straff gespannt, ist sie zu elastisch, so daß das Diabolo zurückspringt.

rechts

links

Zum leichteren Auffangen peilen Sie das Diabolo mit dem hochgehaltenen Stab an. Mit ihm läßt sich die Entfernung besser abschätzen

Waagerechtes Laufenlassen

Um das Diabolo auf der waagerecht über den Kopf gehaltenen Schnur von rechts nach links laufen zu lassen, müssen Sie es zuvor in starke Rotation versetzt haben. Am besten tun Sie dies durch das Schlagen. Bringen Sie das Diabolo zum rechten Ende der Schnur, indem Sie den linken Arm heben. Wenn es ganz weit rechts ist, nehmen Sie die Arme hoch und strecken sie dabei zur Seite, um das Seil straff zu spannen. Beim Hochnehmen müssen Sie darauf achten, daß Ihnen der Doppelkreisel nicht von der Schnur fällt. Dies ist auch fast das einzige Problem bei diesem nicht zu schwierigen Trick, der trotzdem recht spektakulär für das Publikum aussieht.

- **Fehler:**
  Das Diabolo läuft nicht nach links.
- **Tip:**
  Entweder ist die Rotation nicht stark genug, oder Sie haben das Seil nicht richtig gespannt.

- **Fehler:**
  Das Diabolo rollt über das Schnurende hinaus und fällt auf den Boden.
- **Tip:**
  Nehmen Sie die Arme früher wieder herunter.

- **Fehler:**
  Schon beim Hochnehmen fällt das Diabolo aus der Schnur.
- **Tip:**
  Nehmen Sie die Arme etwas vorsichtiger hoch und behalten Sie das Diabolo dabei gut im Auge.

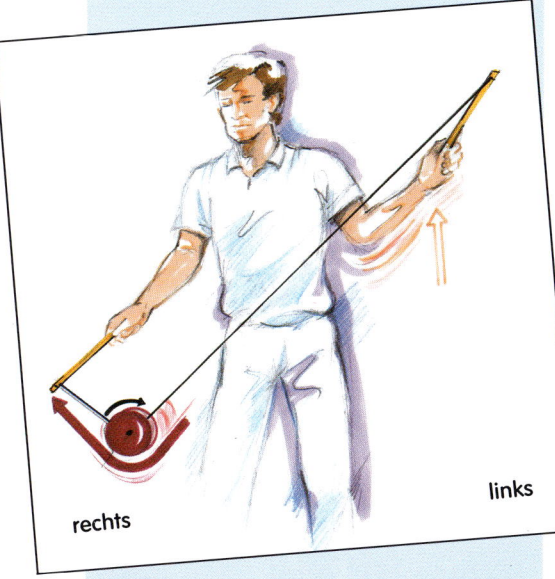

rechts   links

Nehmen Sie den linken Arm hoch und lassen Sie dadurch das Diabolo fast zum rechten Ende der Schnur laufen

rechts   links

Dann nehmen Sie auch den anderen Arm hoch und halten die Schnur straff gespannt. So rollt das Diabolo am besten zur anderen Seite herüber

Wenn das Seil richtig gespannt und die Rotationsgeschwindigkeit groß genug ist, läuft das Diabolo automatisch nach links. Kurz bevor es dort am Schnurende angelangt ist, müssen Sie die Arme natürlich wieder herunternehmen, denn sonst läuft das Diabolo über das Schnurende hinaus und fällt auf den Boden. Wenn Sie Ihre Arme wieder heruntergenommen haben, können Sie entweder durch Ziehen oder Schlagen wieder für neuen Rotationsschwung sorgen.

Senkrechtes Laufenlassen, Variante 1

Solche Tricks wie die folgenden zwei hören sich zwar sehr einfach an, erfordern aber trotzdem einige Übung, bis man das richtige Gefühl dafür hat. Um das Diabolo bei senkrecht gespannter Schnur von unten nach oben laufen zu lassen, müssen Sie es zuvor in eine große Rotationsgeschwindigkeit versetzen. Mit Ziehen werden Sie dies kaum

Mit rechts legt man eine Schlinge um den hinteren Diaboloteil

schaffen, deshalb ist es besser, das Schlagen anzuwenden.

Wenn das Diabolo genug Schwung hat, legen Sie mit dem rechten Stock eine einfache Schlinge um den hinteren Teil des Doppelkreisels, der von Ihnen weg zeigt, und spannen die Schnur, indem Sie die Arme so auseinanderhalten, daß die Schnur senkrecht zum Boden verläuft. Das Diabolo läuft dann automatisch vom rechten Stock von unten nach oben. Wenn es dicht am linken Stock angekommen ist, lassen Sie die Schnurspannung etwas nach. Durch sein Eigengewicht rutscht das Diabolo wieder

herunter. Dann lösen Sie die Schlinge mit rechts wieder auf, indem Sie die Schnur unter dem hinteren Teil des Diabolos wieder nach links führen und über diese Halbkugel oben herumführen. Es geht weiter mit Schlagen oder Ziehen. Wichtig für den Trick ist, daß die Rotationsgeschwindigkeit groß genug und die Spannung des Seils richtig dosiert wird.

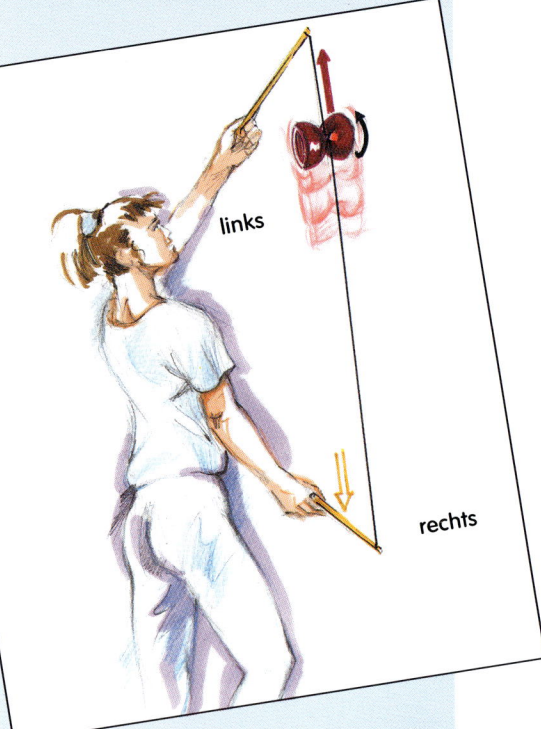

Eine gut dosierte Seilspannung ist für das Gelingen des Tricks wichtig

- ■ **Fehler:**
  Die Schnur wird zu stark oder zu wenig gespannt, so daß das Diabolo nicht an der Schnur hochläuft.
- ■ **Tip:**
  Probieren Sie es ein paarmal mit unterschiedlicher Spannung aus, bis Sie die richtige Dosierung gefunden haben.

- ■ **Fehler:**
  Das Diabolo läuft nur ein Stück die Schnur hoch und rutscht wegen zu geringer Reibung herunter.
- ■ **Tip:**
  Entweder war die Rotation bei Beginn des Tricks zu schwach oder Sie haben das Seil zu stark gespannt.

Senkrechtes Laufenlassen, Variante 2

Bei der zweiten Version drehen Sie den Körper um 90 Grad nach rechts, damit die Breitseite des Doppelkreisels zum Körper zeigt. Die Stäbe mit der Schnur werden also nicht mitgedreht, sie behalten ihre Position im Raum bei, die Schnur zeigt von Ihnen weg. Den rechten Stock bewegen Sie nun etwas vom Körper weg von rechts über das Diabolo und legen auf diese Art die Schlinge um die Taille des Diabolos. Spannen Sie die Schnur wieder und halten Sie die Arme wie bei Variation 1 beschrieben. Wenn das Diabolo nach oben gelaufen ist, lösen Sie die Schlinge diesmal mit dem linken Stock auf, indem Sie ihn unter dem Diabolo herum zum Körper führen. Auch hier geht es dann durch Ziehen oder Schlagen weiter. Ebenso wie bei Variation 1 spielt die Rotationsgeschwindigkeit zu Beginn und die richtige Dosierung bei der Spannung des Seils für das Gelingen des Tricks eine wichtige Rolle.

■ **Fehler:**
Wie bei Variation 1.

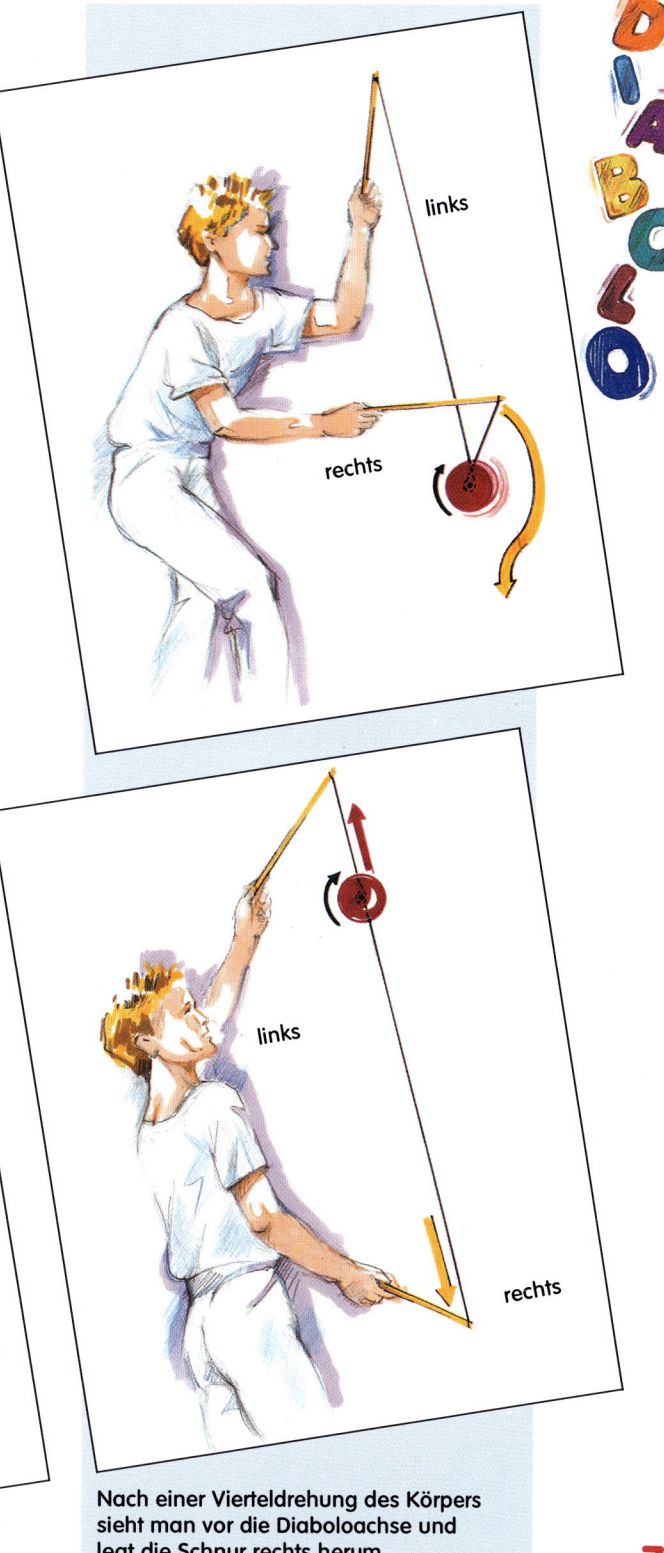

Nach einer Vierteldrehung des Körpers sieht man vor die Diaboloachse und legt die Schnur rechts herum

71

Fußsprung

Spektakulär sieht es aus, wenn das Diabolo über den Fuß zurück aufs Seil springt, während man auf das Seil tritt. Trotzdem ist dieser Trick sehr leicht zu lernen. Nach einigen Versuchen haben Sie bestimmt schon heraus, wie fest Sie auf das Seil treten müssen, damit das Diabolo in einem kleinen Bogen über Ihren Fuß auf die andere Seite des Seils springt.

Der Ablauf ist folgender: Sie bringen den Doppelkreisel in Schwung, Ziehen genügt hier. Dann winkeln Sie Ihr rechtes Bein an, heben es hoch und treten mit dem Fuß rechts neben dem Diabolo leicht auf die Schnur. Dadurch springt das Diabolo in die Höhe. Zusätzlich können Sie ein bißchen nachhelfen, indem Sie dem linken Stock einen Tick nach rechts geben. Zum Fangen – auf der rechten Seite des Seils – müssen Sie den Fuß vom Seil nehmen. Geben Sie mit den Armen etwas nach unten nach, um das Diabolo weich abzufangen, sonst fällt es leicht herunter.

Das Fangen ist das einzige Problem bei diesem Trick. Wenn das Seil nicht schwer genug ist, flattert es, während das Diabolo gefangen werden soll, und man hat Schwierigkeiten einzuschätzen, wie man die Stöcke halten muß, damit der Doppelkreisel wieder sicher auf der Schnur landet. Nach dem Fangen bringen Sie das Diabolo wieder durch Ziehen oder Schlagen in Schwung.

Sie können das Bein auch hochnehmen, ohne es anzuwinkeln und gestreckt lassen, während Sie mit dem Fuß auf das Seil treten. Dann müssen Sie allerdings auch die Arme weit nach vorne nehmen, damit das Seil weit genug vom Körper entfernt ist. Diese Version eignet sich gut für eine Clown-Nummer, da sie sehr unbeholfen und komisch wirkt. Allerdings ist diese Variante auch schwieriger als die Normalversion, da es Probleme mit dem Gleichgewicht geben kann.

■ **Fehler:**
Das Diabolo springt zwar hoch, aber Sie können es nicht im Seil fangen.

■ **Tip:**
Versuchen Sie, die richtige Dosierung für den Tritt auf das Seil herauszubekommen. Damit das Diabolo mehr nach rechts springt, können Sie mit dem linken Stock nachhelfen.

■ **Fehler:**
Sie können das Diabolo nicht fangen, weil das Seil flattert.

■ **Tip:**
Das Seil ist nicht schwer genug. Wechseln Sie es aus. Wenn es nicht aus einer Kunstfaser ist, können Sie es auch in Wasser legen, damit es Feuchtigkeit annimmt und schwerer wird. Wenn Sie im Freien geübt haben, suchen Sie sich eine windgeschütztere Ecke aus.

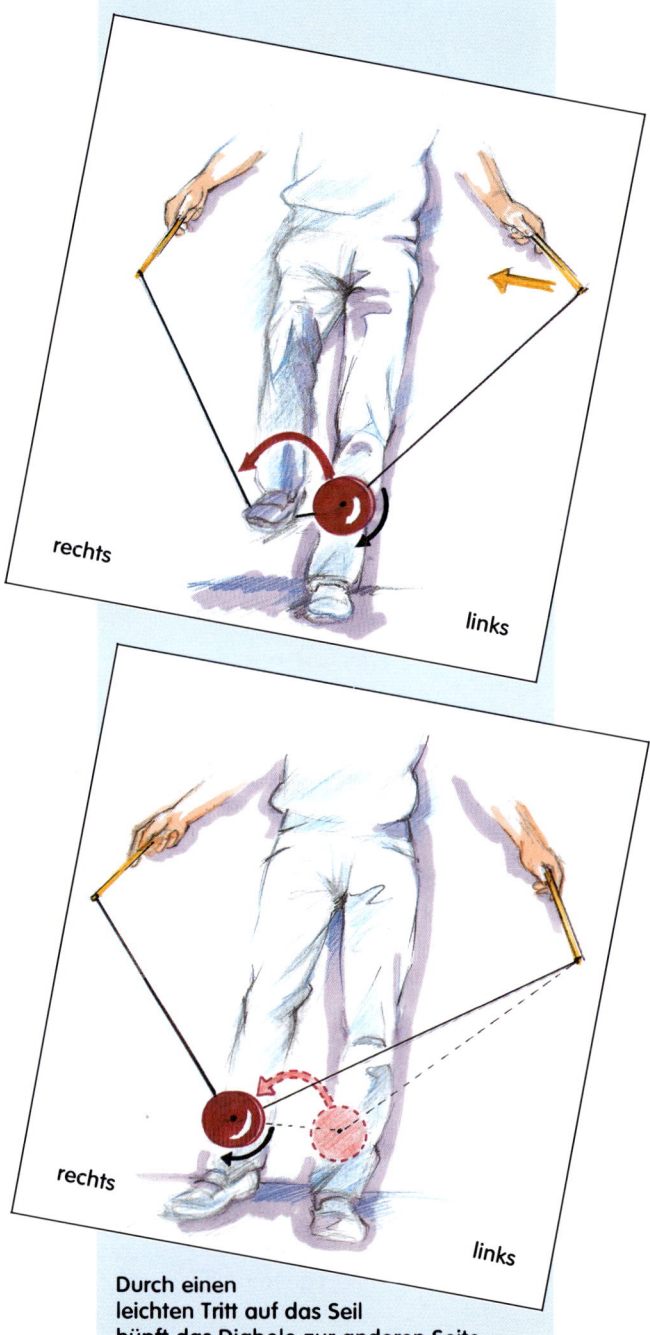

Durch einen
leichten Tritt auf das Seil
hüpft das Diabolo zur anderen Seite

■ **Fehler:**
Das Diabolo landet zwar auf der Schnur, springt aber wieder weg.

■ **Tip:**
Wenn Sie versucht haben, das Diabolo mit gespannter Schnur zu fangen, müssen Sie diese genau im richtigen Moment wieder locker lassen, um den Doppelkreisel weich abzufangen. Beim Fangen mit durchhängendem Seil reicht schon ein leichtes Nachgeben beim Auftreten des Diabolos auf dem Seil aus.

■ **Fehler:**
Das Wegnehmen des Fußes vom Seil geht nicht reibungslos vonstatten.

■ **Tip:**
Sehen Sie sich Ihre Schuhsohle an. Schuhe mit grobem Profil eignen sich nicht für diesen Trick, da das Seil oft im Profil hängenbleibt.

Beinsprung

Ähnlich wie der Fußsprung funktioniert der Beinsprung: Bringen Sie das Diabolo in Schwung. Auch hier reicht das Ziehen aus. Dann steigen Sie mit dem rechten Bein über die Schnur, setzen den Fuß auf den Boden und werfen das Diabolo mit einer Aufwärtsbewegung des linken Arms über das Bein zur anderen Seite des Seils. Das Bein hat dabei nicht nur die Aufgabe, den Trick spektakulärer für das Publikum zu machen, sondern bietet auch einen guten Widerstand für die Schnur: Sie wird in der Aufwärtsbewegung abgebremst, wodurch das Diabolo nach oben fliegt. Wahrscheinlich müssen Sie mehrmals probieren, ehe Sie die richtige Dosierung für die Wurfstärke gefunden haben.

Das Fangen ist hier schwieriger als beim Fußsprung, da Sie mit dem Bein über der Schnur nicht so beweglich in den Armen sind. Gefangen wird der Doppelkreisel rechts vom Bein. Dazu müssen Sie die Schnur etwas vom Bein entfernt haben, denn um den Doppelkreisel weich abzufangen, geben Sie mit den Armen nach unten nach. Während das gefangene Diabolo auf dem Seil unter dem Bein entlang zur linken Seite läuft, müssen Sie mit dem Bein natürlich wieder zurücksteigen, wenn Sie den Schwung durch Ziehen oder Schlagen wieder verstärken wollen. Das Bein kann jedoch über der Schnur bleiben, wenn Sie das

Diabolo sofort, wenn es auf die linke Seite gelaufen ist, wieder nach rechts über das Bein werfen. Für das mehrmalige Werfen hintereinander muß das Diabolo vor Beginn des Tricks natürlich auf eine sehr hohe Rotationsgeschwindigkeit gebracht werden (am besten durch Schlagen). Es ist allerdings sehr schwer, das Diabolo gleich mehrmals hintereinander zu werfen, weshalb diese Variation für Anfänger nicht zu empfehlen ist.

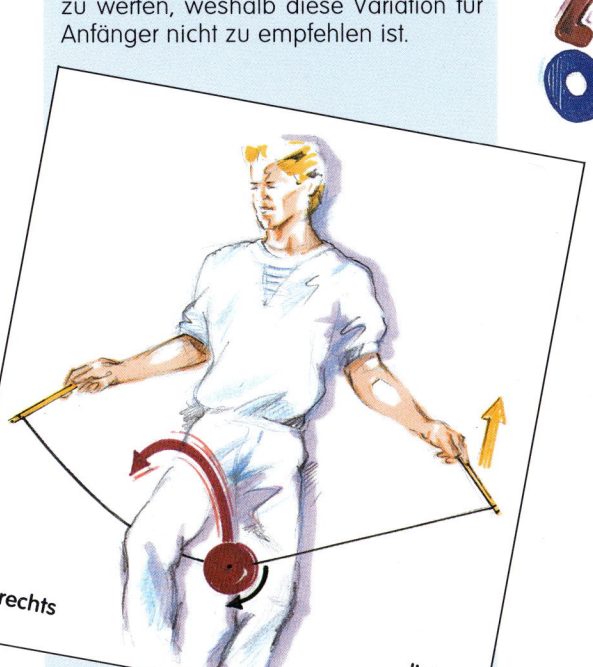

rechts

links

**Der Beinsprung
ist dem Fußsprung ähnlich**

■ **Fehler:**
Das Diabolo stößt gegen das Bein.

■ **Tip:**
Vor dem Fangen müssen Sie die Schnur schon etwas vom Bein entfernt haben. Nach dem Fangen nehmen Sie das Bein sofort wieder über die Schnur herüber.

■ **Fehler:**
Sie bekommen nicht genug Schwung für den Wurf über das Bein.

■ **Tip:**
Benutzen Sie das Bein noch stärker als Druckpunkt für die Schnur.

■ **Fehler:**
Weitere Schwierigkeiten beim Fangen siehe »Fußsprung«.

73

Stock-Hop, Variante 1

Bei diesen Tricks rückt zum ersten Mal ein Stock in den Blickpunkt des Geschehens. Bringen Sie das Diabolo durch Ziehen in Schwung. Dann werfen Sie es hoch (siehe »Hochwerfen und Fangen«, Seite 68) und fangen es statt auf dem Seil mit dem rechten Stock wieder auf. Dazu wird er normal gefaßt und fast waagerecht, vorne etwas höher als hinten, gehalten; allerdings wird er so gedreht, daß er nach links zeigt, denn er muß sich ja wie die Schnur in der Mitte zwischen den beiden Hälften des Doppelkreisels befinden.

Bevor das Diabolo durch die große Reibung auf dem Stock seinen Schwung verliert, lassen Sie es auf die Schnur rutschen, indem Sie den Stock etwas senken und die Schnur etwas lockerer lassen als vorher. Dann können Sie wieder ziehen oder schlagen, um den Schwung neu aufzubauen.

■ **Fehler:**
Das Diabolo rutscht vom gesenkten Stock neben die Schnur.
■ **Tip:**
Achten Sie darauf, daß die Schnur gerade nach unten durchhängt, bevor Sie das Diabolo nach unten rutschen lassen.

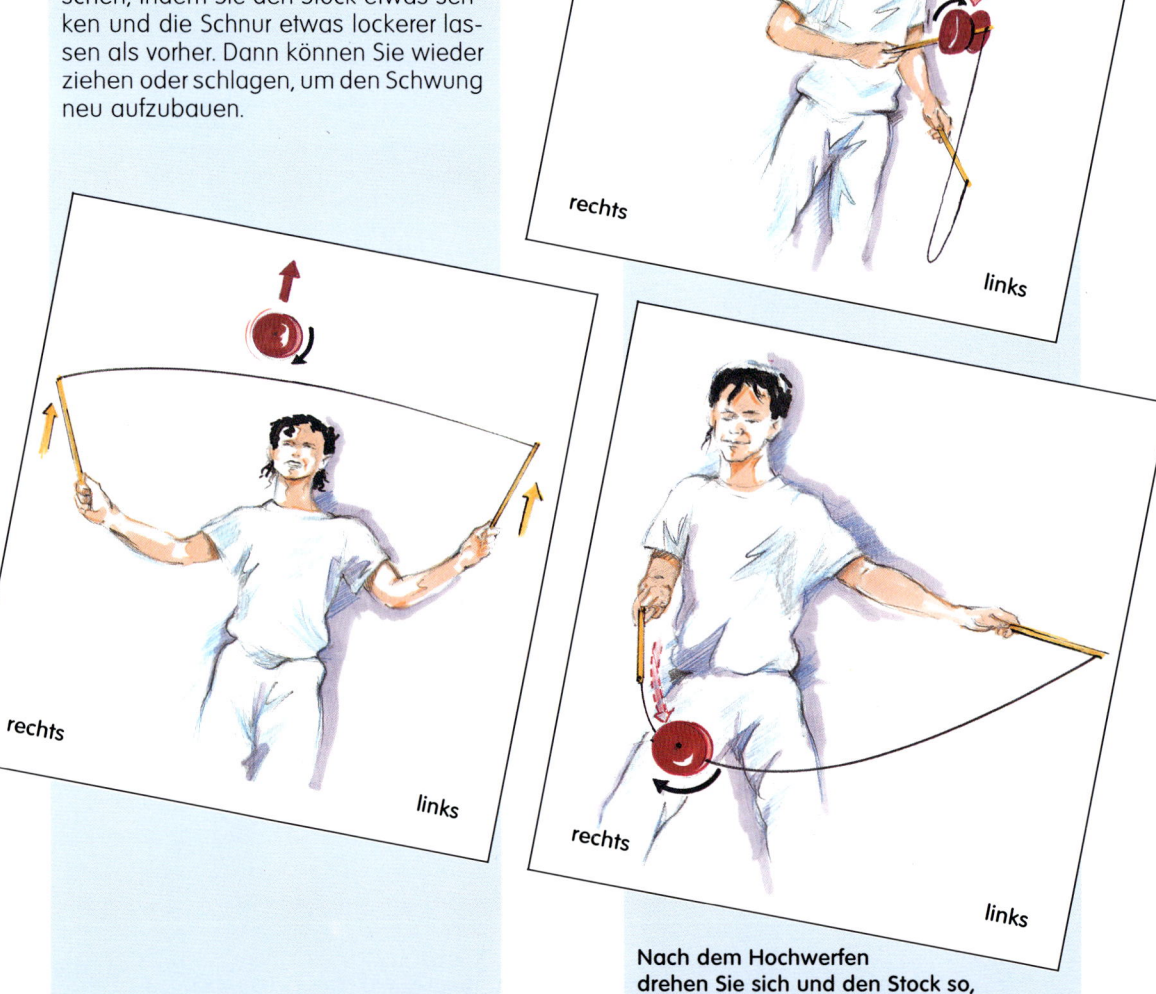

rechts

links

rechts

links

rechts

links

Nach dem Hochwerfen drehen Sie sich und den Stock so, daß das Diabolo mit seiner Achse gut darauf landen kann. Danach läßt man es in die Schnur rutschen

Stock-Hop, Variante 2

Statt das Diabolo in die Schnur rutschen zu lassen, können Sie es auch vorher mit dem Stock noch einmal in die Luft werfen und dann erst auf der Schnur fangen. Am besten werfen Sie es so hoch, daß Sie es mit dem rechten Stockende anpeilen und am rechten Schnurende auffangen können. Die Einzelheiten hierzu finden Sie im Abschnitt »Hochwerfen und Fangen« (siehe Seite 68). Wenn Sie es nicht hoch genug werfen, haben Sie wieder Schwierigkeiten mit dem Zielen, genau wie beim Fuß- und Beinsprung auch, denn dort kann man das Diabolo nicht mit dem Stock anpeilen. Je höher Sie werfen, desto größer muß allerdings die Rotationsgeschwindigkeit sein, bevor Sie mit dem Trick beginnen.

■ **Fehler:**
Sie haben Probleme beim Fangen des Diabolos, weil Sie es so in die Luft geworfen haben, daß es mit seiner Breitseite zu Ihnen zeigt.

■ **Tip:**
Behalten Sie die Armhaltung, bei der der rechte Stock nach links zeigt, auch beim Werfen bei.

■ **Fehler:**
Beim Fangen hat das Diabolo nicht mehr genug Schwung und fällt deshalb aus der Schnur.

■ **Tip:**
Bringen Sie das Diabolo vor dem Trick in eine sehr hohe Rotationsgeschwindigkeit, oder halten Sie es nur sehr kurz auf dem Stock, bevor Sie das Diabolo wieder hochwerfen.

Stock-Hop, Variante 3

Diese Variation beinhaltet gleich eine ganze Abfolge von Würfen. Die Zeichnungen dazu finden Sie auf der folgenden Seite.
Bringen Sie das Diabolo wie gewohnt (mit den Stöcken nach vorne) in Schwung. Er sollte stark genug sein, denn durch die vielen Würfe verliert das Diabolo eine Menge Energie. Dann drehen Sie Ihren Körper um 90 Grad nach links. Das Diabolo selbst und das Seil bleiben aber in der gleichen Raumposition, es zeigt also jetzt von Ihnen weg und befindet sich an der rechten Körperseite. Dazu muß der rechte Arm neben dem Körper etwas angewinkelt werden, der linke ist schräg nach vorne gestreckt. Dann werfen Sie das Diabolo zum ersten Mal in die Luft und fangen es mit dem rechten Stock auf. Er wird nach vorne gestreckt, die Achse des Doppelkreisels kann dann genau richtig auftreffen. Beide Stöcke werden dann parallel von Ihrem Körper weg nach vorne gehalten. Beim zweiten Wurf lassen Sie das Diabolo vom rechten Stock hochschnellen und auf dem linken wieder landen. Danach werfen Sie es wieder hoch, drehen sich sofort um 90 Grad nach rechts, so daß Sie wieder in die gleiche Richtung wie zu Anfang schauen. Das herabfallende Diabolo fangen Sie dann wieder mit der Schnur auf.
Die ganze Zeit während dieser Abfolge behält die Achse des Diabolos seine Richtung im Raum bei, lediglich Ihr Körper dreht sich mit den Stöcken und der Schnur.

■ **Fehler:**
Sie haben beim Fangen Probleme (erster und letzter Abwurf).

■ **Tip:**
Sie müssen Ihre Körperposition richtig verändern und sich um 90 Grad drehen. Wenn das Diabolo auf dem Stock auftrifft, müssen Sie schon zum Stehen gekommen sein.

75

rechts

links

links

rechts

links

rechts

links

rechts

Nach einer Linksdrehung werfen Sie das Diabolo hoch, fangen es auf dem rechten Stock und werfen es auf den linken. Beim nächsten Wurf drehen Sie sich um 90 Grad nach rechts zurück

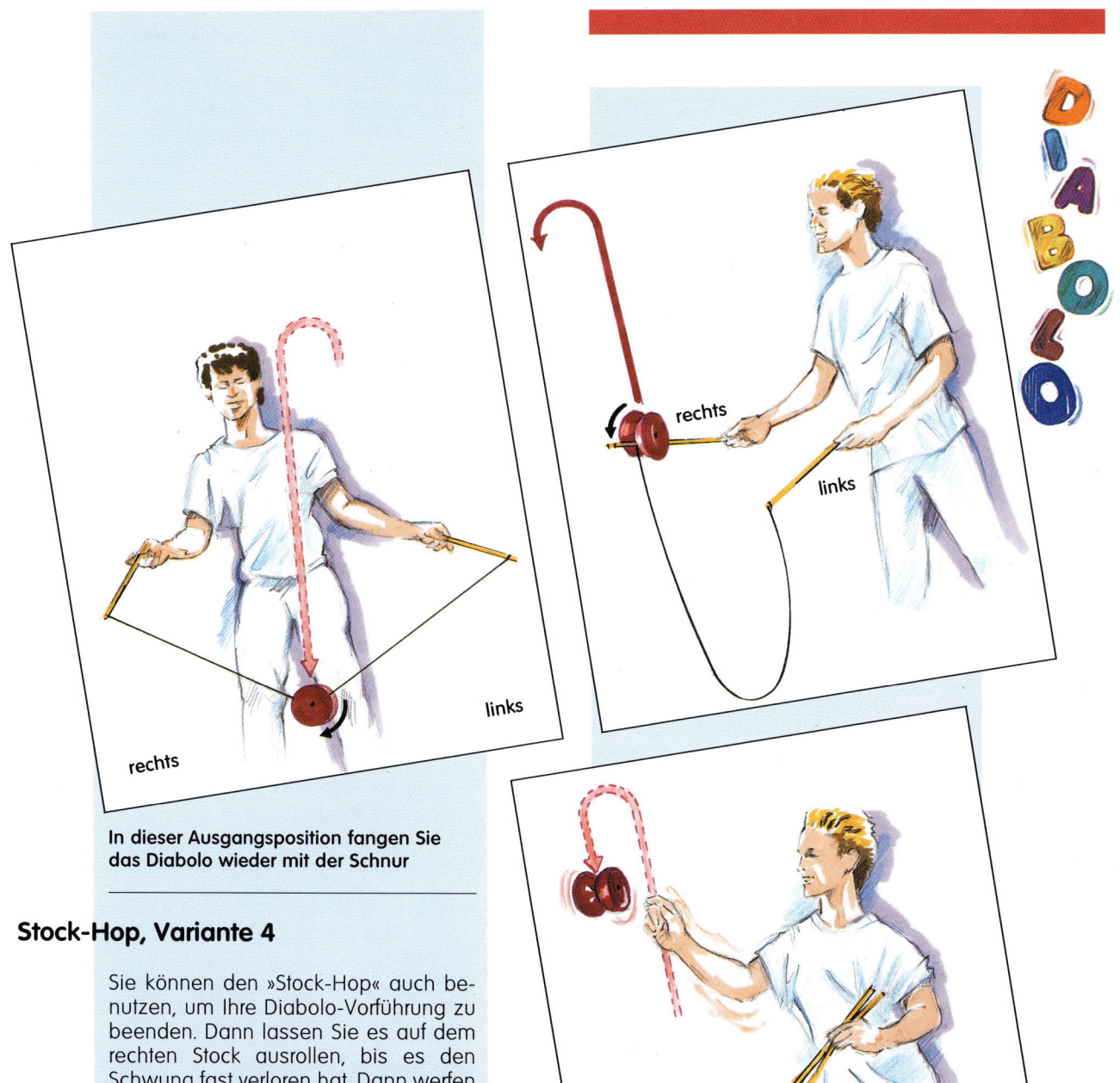

In dieser Ausgangsposition fangen Sie das Diabolo wieder mit der Schnur

Stock-Hop, Variante 4

Sie können den »Stock-Hop« auch benutzen, um Ihre Diabolo-Vorführung zu beenden. Dann lassen Sie es auf dem rechten Stock ausrollen, bis es den Schwung fast verloren hat. Dann werfen Sie es auch hier in die Luft. Gefangen wird der Doppelkreisel mit der rechten Hand, indem Sie ihn zwischen Daumen und Zeigefinger in der Mitte zwischen beiden Kreiselhälften packen.

■ **Fehler:**
Sie haben beim Fangen des Diabolos mit der Hand Probleme.

■ **Tip:**
Lassen Sie es auf dem Stock fast ausrollen, und fassen Sie es beim Fangen genau in der Mitte zwischen beiden Hälften. Wenn es sich noch zu stark dreht, springt es leicht weg.

Abschluß von Variante 4: Sie fangen das vom Stock hochgeworfene Diabolo mit der Hand auf. Die Stöcke halten Sie mit der anderen Hand

Tips für die Praxis

Wer das Jonglieren lernt und schon ein paar Kunststückchen kann, möchte natürlich auch gerne anderen sein Können zeigen. Am besten stellen Sie sich ein kleines Programm zusammen, das ist wirkungsvoller, als wenn Sie irgendwie beginnen und nicht so recht wissen, was Sie wann und wie zeigen können. Mit etwas Vorüberlegung sind Sie der Situation wesentlich besser gewachsen, und der Eindruck auf das Publikum ist sicher nachhaltiger. Vorteile bringt es übrigens, wenn man den Erfahrungsaustausch mit anderen Jongleuren sucht.

Der Auftritt

Es kommt gar nicht so sehr darauf an, möglichst viele, schwierige Dinge vorzuführen, sondern das, was man kann, geschickt darzustellen. Jeder wird hier sicher seine eigenen Ideen und Erfahrungen nutzen, doch können für den Anfänger einige Hinweise nicht schaden.

Planung einer Vorführung

Sei es zu Hause im kleinen Kreis vor Verwandten oder Freunden, auf der Straße oder im Theater: Jonglieren vor Publikum ist immer etwas Besonderes und macht viel Spaß. Für Ihren Auftritt sollten Sie sich ein Programm von ungefähr zehn Minuten zusammenstellen. Dazu einige Tips:

- Notieren Sie auf einer Liste alle Tricks und Variationen, die Sie beherrschen. Dann wählen Sie einen Trick aus, mit dem Sie beginnen wollen.
- Ihre Kleidung und Ihr übriges Erscheinungsbild sollte zu Ihrer Vorführung passen: Zu einem seriösen Programm trägt man am besten normale Kleidung oder eine Glitzerjacke; wenn Sie als Clown auftreten, müssen Sie witzig sein und Gags bringen.
- Sie können sich zu Ihrem Kostüm auch eine Geschichte ausdenken, die Sie durch Jonglieren illustrieren, indem Sie beispielsweise als Requisiten solche Gegenstände verwenden, die in dieser Geschichte vorkommen.
- Benutzen Sie als Jonglierrequisiten Dinge unterschiedlicher Form, Farbe und Größe, das bringt Abwechslung

in das Programm. Jonglieren Sie ruhig einmal mit Tomaten, Orangen, Zitronen, Flaschen, Tennisschlägern, gekochten Eiern oder Kaffeestückchen.

- Wenn Sie zaubern können, lassen Sie doch mal einen Ball verschwinden und wieder erscheinen. Ansonsten gibt es die Möglichkeit, einen Ball im Ellbogengelenk festzuklemmen und dann so zu tun, als sei er nicht mehr vorhanden. Wenn Sie mit weiten Hosen und Hosenträgern arbeiten, können Sie Bälle verschwinden lassen, indem Sie sie in die Hose werfen. Dafür müssen die Hosenbeine unten einen Gummizug haben oder in die Socken gesteckt sein.
- Werfen Sie Bälle ins Publikum, und beziehen Sie so die Zuschauer mit ein.
- Wischen Sie sich öfter den echten oder imaginären Schweiß von der Stirn und übertreiben Sie alle Ihre Aktionen. Ein besonders effektvoller Trick ist es, sich mit einem Taschentuch die Stirn abzuwischen und es dann auf den Boden zu werfen, worauf es zum Jongleur zurückspringt. Wie das funktioniert? Sie nähen ganz einfach einen kleinen Vollgummiball in Ihr Taschentuch ein und befestigen es mit einer dünnen Gummischnur an Ihrer Brusttasche, in der sich das Taschentuch befindet. Wenn Sie Glück haben und die richtigen Requisiten verwenden, springt das Taschentuch vielleicht sogar in die Brusttasche zurück.
- Jonglieren Sie mit verbundenen Augen. Dabei gibt es zwei Möglichkeiten: Entweder Sie sind wirklich so gut, daß Sie blind jonglieren können, oder Sie besorgen sich in einem Geschäft für Zauberartikel ein Tuch, durch das man durchsehen kann, obwohl es für die Zuschauer völlig undurchsichtig aussieht.
- Kündigen Sie an, daß Sie mit sechs oder neun Gegenständen jonglieren werden. Das schaffen Sie, indem Sie dreimal je zwei beziehungsweise drei Säckchen aneinandernähen und tatsächlich nur mit drei Dingen jonglieren müssen.
- Sie können auch »rückwärts« jonglieren: Drehen Sie einfach den Zuschauern den Rücken zu.
- Jonglieren Sie mit einem Apfel, einer Gabel und einem Messer. Dann können Sie am Schluß den Apfel auf die Gabel aufspießen.

- Jonglieren Sie in unterschiedlichen Körperpositionen: auf einem Bein stehend, im Knien oder im Sitzen.
- Versuchen Sie doch einmal, zwei Bälle und einen Apfel oder eine Birne zu jonglieren und dabei immer ein Stück des Obstes abzubeißen. Hier gibt es zwei Varianten: Entweder jonglieren Sie mit einer Hand die beiden Bälle und haben Zeit, mit der anderen Hand den Apfel oder die Birne zum Mund zu führen und aufzuessen, oder Sie nutzen die Variation »Eat me« (s. S. 42), um bei jeder Zwischenstation des Obstes im Mund ein Stück abzubeißen.

Wenn die Schwerkraft siegt

Auch bei den besten Jongleuren kommt es immer wieder vor, daß ihnen ein Fehler unterläuft und ein Jongliergegenstand zu Boden fällt. Wenn Ihnen etwas mißlingt, haben Sie viele Möglichkeiten, sich elegant aus der Affäre zu ziehen:
- Tun Sie so, als wäre nichts geschehen, indem Sie pfeifen, die Hände auf den Rücken nehmen, den Kopf in den Nacken legen und in die Luft nach oben sehen.
- Beschimpfen Sie den Ball: »Das machst Du nicht noch einmal!«
- »Erschießen« Sie den heruntergefallenen Gegenstand mit einer Spielzeugpistole, die Sie bei sich tragen.
- Lenken Sie das Publikum ab – zum Beispiel mit den Worten »Da, sehen Sie mal!« und mit der Bewegung Ihres Armes in eine bestimmte Richtung – und heben Sie den heruntergefallenen Jongliergegenstand dann »heimlich« wieder auf, während das Publikum in die gezeigte Richtung blickt.
- Erklären Sie dem heruntergefallenen Gegenstand, daß er »gefeuert« sei.
- Entschuldigen Sie sich: »Ich wollte nur prüfen, ob die Schwerkraft noch intakt ist.« Oder: »Gegen Anfälle angesammelter Schwerkraft bin ich machtlos.«

Jonglieren auf der Straße

Eine Möglichkeit, sich seinen Urlaub zu finanzieren, ist, sein Jonglierprogramm auf der Straße vorzuführen. Suchen Sie sich einen Platz aus, an dem viele Leute vorbeikommen. Gut eignen sich Fußgängerzonen, sei es in Deutschland oder im Ausland. Bevor Sie beginnen, sollten Sie die Leute animieren, stehenzubleiben: »Meine Damen und Herren, kommen Sie und erleben meine phantastische Jongliershow. Lassen Sie sich für zehn Minuten verzaubern! Treten Sie näher und sehen Sie zu ...« Es ist sehr wichtig, ein großes Geschrei zu machen, bevor man auftritt, denn sonst kann es vorkommen, daß man die schwierigsten und spektakulärsten Tricks vorführt, ohne daß jemand Notiz davon nimmt.

Wenn Sie genügend Aufmerksamkeit erregt haben, legen Sie mit Ihrer Show los. Fünf bis zehn Minuten genügen schon. Dann reichen Sie einen Hut herum, um Geld einzusammeln. Da die Polizei in den meisten Städten von Straßendarbietungen nicht so begeistert ist, sollten Sie danach Ihre Sachen einpacken und sich einen anderen Platz suchen. Auftreten können Sie alleine oder in einer Gruppe; letzteres macht meistens mehr Spaß, ganz gleich, ob Sie mit anderen Jongleuren zusammen arbeiten oder mit Artisten aus einem anderen Genre ein Programm zusammenstellen.

Nützliche Informationen

Zeitschriften und Kontaktgruppen

Wer sich intensiv dem Jonglieren widmet, wird sicherlich auch den Erfahrungsaustausch mit anderen Jongleuren suchen. Hierzu einige Hinweise:
Die International Jugglers' Association (IJA) hat 2300 Mitglieder in aller Welt. Für 25 $ Jahresbeitrag erhalten Sie vierteljährlich per Luftpost die Zeitschrift »Jugglers' World« und eine Liste aller Mitglieder. Die IJA besteht schon seit 38 Jahren und ist unter der folgenden Anschrift erreichbar:
International Jugglers' Association
P.O.Box 29 JB
Kenmore, NY 14217; USA

In Deutschland wird die »Kaskade«, eine europäische Jonglierzeitschrift, herausgegeben. Sie erscheint in Deutsch und Englisch, kostet drei Mark und enthält un-

ter anderem nützliche Adressen von Jongleurtreffen und Zirkusschulen in Deutschland und aller Welt. Alleine in der Bundesrepublik treffen sich in 20 verschiedenen Städten Jongleure wöchentlich zum gemeinsamen Training und Erfahrungsaustausch. Interessenten wenden sich an:
Gabi Hartmann & Paul Keast
Annastraße 7
65197 Wiesbaden
Tel.: 0 6121/ 42 59 38

Ebenfalls in Wiesbaden gibt es eine Zirkus- und Varietéschule. Die Adresse:
Tratti Dumitro
Scharnhorststraße 46
65195 Wiesbaden
Tel.: 0 6121/ 4 85 59

Auch der Arbeitskreis Hessischer Tagungshäuser bietet Jonglierkurse an. Auf Anfrage erhalten Sie eine Broschüre mit allen Angeboten. Die Adresse:
Arbeitskreis Hessischer Tagungshäuser
Alte Kellerei
Kasseler Straße 20
36320 Kirtorf
Tel.: 0 66 92/ 63 26

Bezugsquellen

Bundesrepublik Deutschland:

ballaballa
Brüsseler Straße 31
50674 Köln
Tel.: 02 21/ 24 39 84

Chapeau-Claque Jonglierbedarf
Weberstr. 86
70182 Stuttgart
Tel.: 07 11/ 23 44 84

Confetti
Fehrfeld 24
28203 Bremen
Tel.: 04 21/ 7 75 09

Fliegende Fetzen
Gasselstiege 2
48159 Münster

Die Jonglerie
W. Rausch und W. Lüft
Hasenheide 54
10967 Berlin
Tel.: 0 30/ 6 9187 69

Henry's Juggling Shop
Henry Pekarsky
Postfach 49 64
Steingasse 23
76032 Karlsruhe
Tel.: 07 21/ 37 9145

Keule & Co.
Dreikönigsstraße 25
69117 Heidelberg
Tel.: 0 62 21/ 12199

Luftikus
Warendorfer Straße 5
48145 Münster
Tel.: 02 51/ 4 76 15

Pappnase & Co
Grindelallee 92
20146 Hamburg
Tel.: 0 40/ 44 97 39

Schabernack
Neuer Graben 20
49074 Osnabrück
Tel.: 05 41/ 2 34 36

Siegmono-Cycle
D. & G. Siegmon
Schillerstraße 15
24116 Kiel
Tel.: 04 31/ 55 45 45

Stilbruch
Groß- und Einzelhandel
Dieburger Straße 62
64287 Darmstadt
Tel.: 0 6151/ 78 44 89

Schweiz:

Luftibus
Andreas Lanz
Nußbaumstraße 9
CH-8003 Zürich
Tel.: 01/ 4 63 06 88

Empfehlenswerte Literatur

Baumann, Nikolai Ernestowitsch: Die Kunst des Jonglierens. Leipzig 1962; vergriffen, nur über die Fernleihe Ihrer Stadtbibliothek zu beschaffen (Tricks und Variationen für Profis)

Finnigan, Dave: Alles über die Kunst des Jonglierens. Köln 1988 (amerikanische Originalausgabe: New York 1987)

Gobbers, Emil: Artisten. Düsseldorf 1949 (Geschichte)

Hitzeler, Marion/ Fritz, Markus/ Schlüter, Wilhelma/ Klauke, Wolfgang: Jonglieren – Spiel mit der Schwerkraft. Moers 1986

Ziethen, Karl Heinz/ Andrew, Allen: Juggling – The art and its artists. Berlin 1985 (Bilderbuch, wenig Texte)

Ziethen, Karl Heinz/ Andrew, Allen: Jonglierkunst im Wandel der Zeit. Berlin 1986 (Kurzfassung der englischen Ausgabe)

Neben zahlreichen FALKEN Büchern zum Thema Sport und Unterhaltung sind außerdem im Programm: Zaubertricks (282), Zaubern – einfach, aber verblüffend (2018) und Phantasievolles Schminken (907).

ISBN 3 8068 1009 5

© 1989/1993 by Falken-Verlag GmbH,
65527 Niedernhausen/ Ts.
Die Verwertung der Texte und Bilder, auch auszugsweise, ist ohne Zustimmung des Verlags urheberrechtswidrig und strafbar. Dies gilt auch für Vervielfältigungen, Übersetzungen, Mikroverfilmung und für die Verarbeitung mit elektronischen Systemen.
Titelbild: Studio Erbelding/ Zöltsch, Oberursel
Fotos: Hermann Sagemüller, Nördlingen
Zeichnungen: Hartmut Dietrich, Wiesbaden-Igstadt; Raaf & Gratzfeld Design, Mainz; Gerhard Wawra, Wiesbaden (S. 37 u. 38)
Die Ratschläge in diesem Buch sind von der Autorin und vom Verlag sorgfältig erwogen und geprüft, dennoch kann eine Garantie nicht übernommen werden. Eine Haftung der Autorin bzw. des Verlags und seiner Beauftragten für Personen-, Sach- und Vermögensschäden ist ausgeschlossen.
Satz: LibroSatz, Kriftel b. Frankfurt
Druck: Appl, Wemding

817 2635 44